本当に恐ろしい
地下組織

歴史ミステリー研究会編

彩図社

はじめに

この世にあるすべてのものに光と影があるように、一見平穏そうに見える日常の裏側には闇の世界がある。

光が強ければ強いほど影の濃さは増すものだが、人間の世界には、時にその光をしのぐほどの濃い闇がある。**表の世界を動かすほど強大な力を持つ裏の組織**もあるのだ。都市伝説のように語られることもあるが、彼らは本当に存在し、ひそかに活動している。そのわずかな痕跡を追ったのが本書だ。

たとえば、アメリカには政財界や学界をつなぐスカル・アンド・ボーンズという地下組織が存在する。

白人エリートを中心に構成されたこの組織は、自分たちを中心にして世界秩序を再編することを目論んでいるといわれるが、そのメンバーにはアメリカの元大統領をはじめとして、その名を耳にして知らない人はいないであろう人物も名を連ねている。

またKKKのように、「黒人をしつけ直す」といって黒人にリンチや暴行を繰り返す差別団体もある。彼らは何度も潰されたが、そのたびに復活し、今も存在している。

一方、南米に目を移せば、麻薬抗争のために見せしめの殺戮《さつりく》や死体公開を堂々と行うロス・セタスなど、数多くの犯罪組織が暗躍している。

日本も例外ではない。自分たちの信念のために他人の血を流す日本赤軍のような団体があるかと思えば、人知れず天皇を守るために存在する八咫烏《やたがらす》という謎の組織の存在もささやかれている。

さらには、オンラインの情報を盗み取るハッカー集団アノニマスのように、不特定多数のメンバーが世界中に散っているケースまである。

地下組織は私たちの日常のすぐそばに潜んでいるのだ。

しかし、そのような組織が完全なる悪かといえば、そうとも言い切れない。地下組織が命をかけて闘った結果、大きな成果を得たケースもあるのだ。

黒人奴隷の解放や南アフリカのアパルトヘイト撤廃などは、地下組織による支配層への抵抗がなければ実現しなかった。ある意味では、**地下組織の活動こそが歴史をつくってきた**といえるのだ。

地下社会で何が起きているのかを見れば、表の社会で起こっていることの真実も見えてくる。

私たちがこれから向おうとしている未来も、本書によって解き明かされるはずだ。

２０１９年10月　歴史ミステリー研究会

本当に恐ろしい 地下組織 目次

第二章　歴史を変えた地下組織

第三章 日本国内に存在していた組織

第四章 独自の信念を持つ組織

第五章 国が率いる秘密の組織

【第一章】
力で人を制圧する反社会集団

【何度も復活する黒人差別団体】
KKK（クー・クラックス・クラン）

■首を縛って木に吊るされた黒人たち

「南部の木は奇妙な果実をつける。葉には血が、根にも血をしたたらせ、南部の風に揺らいでいる黒い死体。ポプラの木に吊るされている奇妙な果実……」

これは、かつてアメリカのジャズ歌手であるビリー・ホリデイが歌ったことでも知られる『奇妙な果実』という歌の一節だ。

奇妙な果実とは、殺されて木に吊るされた黒人の死体のことである。

というのも、１９２０年代のアメリカ南部では、**黒人に凄惨なリンチを加えて首を縛った挙句に、木に吊るして焼き殺す**という残虐きわまりない行為がたびたび行われ

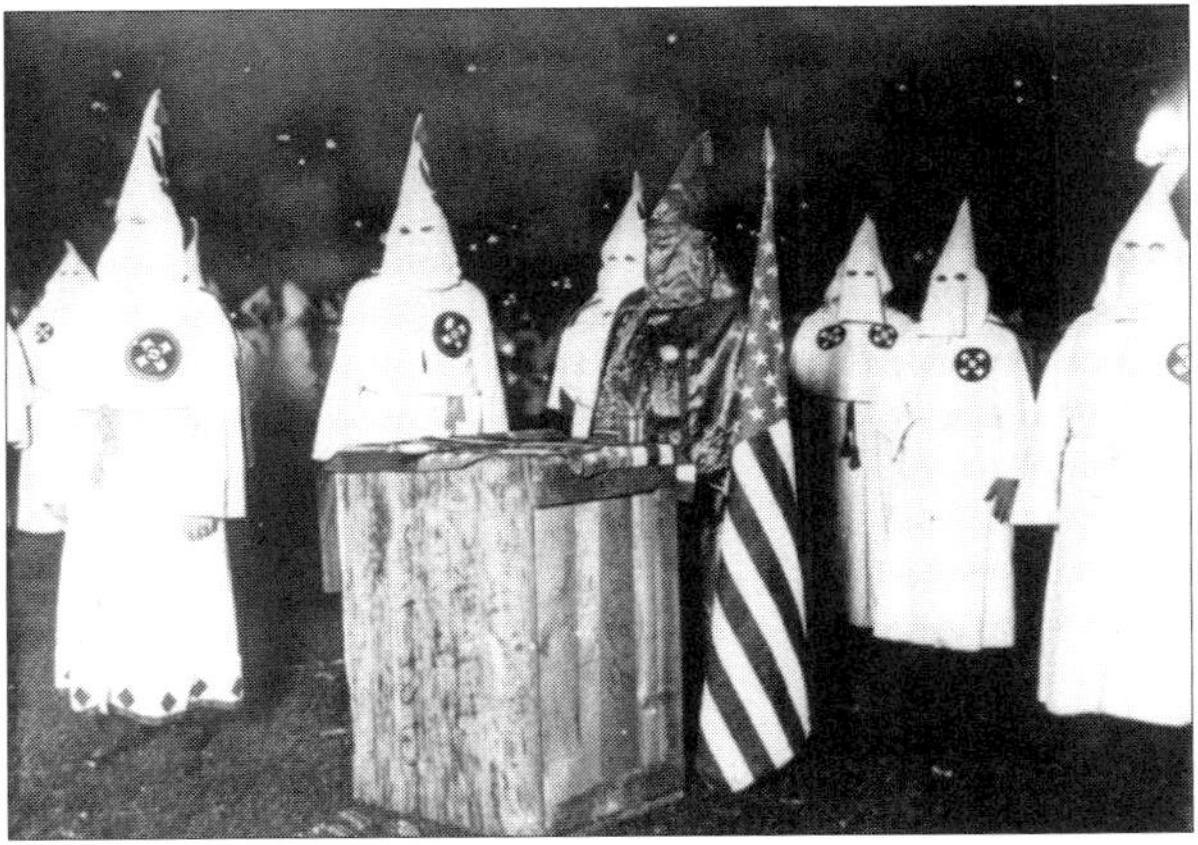

不気味な白装束をまとったＫＫＫ

ていたのだ。

そのほかにも、焼印を押したり、手足を切断したり、体を縛って線路に放置して電車に轢かせるといった黒人への暴力事件は日常的に起こっていた。

そして、そうした暴力事件の中心になっていたのが白人至上主義結社として知られるクー・クラックス・クラン、通称「ＫＫＫ」である。

■白装束で町を練り歩く

ＫＫＫは南北戦争で敗れ、黒人奴隷の解放に不満を持っていた南軍の６人の若者たちによって、１８６５年頃にテネシー州で発足した組織だ。

クー・クラックスとは、ギリシア語でサークルを意味するククロスをもじったもので、そこにスコットランド語で一族を意味するクランをつけたといわれる。

彼らは不気味な白いマスクで顔をすっぽりと覆い、白装束で全身を包みながら**黒人排斥を唱えた**。

入団儀式は真夜中に行われ、打ち立てた十字架に火をつけて燃やす。そして儀式の後は白装束のままで街を練り歩くのである。

メンバーは、首領が「グランド・サイクロップス」、それ以外は「グランド・ダーク」「ナイト・ホーク」などと呼ばれた。

当初は若者の悪ふざけにすぎなかったのだが、この神秘的に見える儀式に惹かれたり、奴隷解放を快く思っていなかった人々を中心にKKKのメンバーは急増していく。

まもなく元南軍のネイサン・フォレスト将軍が「グランド・ウィザード（大魔術師）」と呼ばれる司令官として迎えられると、彼は**「生意気な黒人を躾《しつ》け直す」**と掲げて仰々《ぎょうぎょう》しいパレードを行ったりした。

フォレストの参加で保守的な南部の白人の支持が集まると、KKKはしだいに南部における最右翼の**人種差別過激派**として政治的勢力を拡大することになる。黒人だけでなく、黒人を擁護する白人にまで暴力や殺人がしだいにエスカレートしていったのだ。たとえば、夜中になると「ナイトライダー」と呼ばれるKKKのメンバーが馬に乗って現れ、黒人に暴行を働いた。

また、投票権を行使しようとした黒人が殺されるという事態も起きている。

このメンバーの行き過ぎた行動をフォレストは制止しようとしたが、それでも暴走は収まらず、あまりの蛮行ぶりに1870年代には政府から非合法のテロリスト集団と認定され、一度は消滅するのだ。

■1920年代の復活

KKKが再び姿を現したのは、20世紀になってからである。

アトランタの牧師ウィリアム・ジョセフ・シモンズが「神からお告げを受けた」と言って、KKK復活の儀式を行うと、まもなくメンバーは爆発的に増えて1920年代には400万人以上にも達する。

この第二次KKKはさらに過激さを増し、ターゲットは黒人のみならず**有色人種全体、ユダヤ人、イスラム教徒、カトリック教徒などにも拡大した**。奇妙な果実といわれる死体がたびたび吊るされたのも、この頃だった。

KKKの攻撃対象とされた者への殺人や放火は日常茶飯事で、南部のいたるところで多くの黒人が想像を絶するようなリンチを加えられている。

しかし、地方官庁のほとんどがこれらの暴行を黙認していたため、まるでお祭り騒ぎのような雰囲気の中でリンチが行われていたという。

勢いに乗ったKKKは南部のみならず、中西部にまで勢力を伸ばしていく。その影響力は政界でも大きく、インディアナ州ではKKKのメンバーが州知事になるほどだった。

また、のちに33代大統領となって日本に原爆を落としたハリー・トルーマンも、選挙でKKKの支援を得るために一時期KKKに加入していたことで知られる。

いずれにしても、KKKの絶頂期である1920年代半ばには数万人のメンバーがワシントンDCで大規模なデモ行進をするなど、派手なパフォーマンスも見せている。

しかし、調子に乗った一部のKKKメンバーが**自分たちの意図にそぐわない白人に**

KKKはしばしば十字架を燃やす儀式を行う

もリンチを加えるようになり、世間の反感を買うようになると勢いは衰えていく。

こうして第二次ＫＫＫはリーダーが猟奇的な強姦・殺人事件を起こしたのを機に衰退し、全国組織は消滅する。

■第二次大戦後の復活

第二次世界大戦後、黒人の公民権運動が高まってくると、これに反感を抱いた白人により第三次ＫＫＫがまたもや復活する。

１９６４年には、ミシシッピ州で公民権運動家３人がＫＫＫによって惨殺されるという事件も起きている。この事件では41年後の2005年になって、事件当時KKKの首謀者だったエドガー・レイ・キレンが逮捕・起訴され、有罪判決を受けている。

現在は、かつてのような全国規模の組織としては存在せず、いくつもの分派となって南部や中西部を拠点に活動を続けている。その数は100以上、5000人にもなるといわれ、一部はネオナチとの関係も噂されている。

それぞれのKKKはつながりがないとされるが、それは表面上で、**地下では大きな組織としてつながっているという疑いもある**。

オバマ大統領がアフリカ系として初めてアメリカ合衆国大統領となったときも、KKKが暗殺するのではという懸念が広がった。そのため、警戒は今も続いている。

【ドイツを揺るがす】ネオナチ

■ネオナチが起こした3つの事件

第二次世界大戦後、ドイツはナチスドイツの罪を認め、その行為を徹底的に弾劾してきた。

そのドイツ国民にとって、苦々しい事件が明るみに出たのが2011年11月のことである。

国家社会主義地下組織（NSU）と名乗るネオナチグループが、2000年からドイツ国内で、11年間にわたってトルコ人やギリシア人を狙った爆弾テロや射殺事件を起こしてきたことがわかったのである。

11月4日の午前、旧東ドイツのチューリンゲン州アイゼナッハで信用金庫が襲われた。

同じ日の昼頃には隣町でキャンピングカーから出火、車内から男性2人の遺体が出た。銃を使った自殺だった。

さらに、同じ日の午後3時頃、旧東ドイツのザクセン州ツヴィッカウの住宅街で爆弾事件が発生している。爆発が起きた部屋は、キャンピングカーで死んだ2人の男性の住居であった。

この3つの事件が、戦後最大ともいえる**極右組織による大量殺人事件**に発展したのだ。

車内で焼け死んだ男性2人と、爆発現場となった住居に同居していてのちに自首した女性は、ネオナチグループ・国家社会主義地下組織のメンバーだった。

爆破された住居から出てきたDVDには2000年以降の10件の殺人事件に関する写真が面白おかしく編集されていたのである。

DVDに出てきた被害者はトルコ人、ギリシア人と警察官、さらに、2004年にドイツのケルンで起きた22人のトルコ人を負傷させた爆破事件も含まれていた。映像

銃を構えるネオナチの一員

には被害者たちの血まみれの遺体や、遺体を冒涜するような合成写真が軽妙な音楽に合わせて次々と出てくる。しかも、この内容は週刊誌やテレビのニュースで全国に流れてしまったのだ。

この一連の事件はドイツ全体を揺るがす大問題に発展した。なぜなら、事件の陰にドイツの連邦憲法擁護庁との関わりが疑われたからである。

連邦憲法擁護庁とは、**ドイツ国内での諜報活動**を担う機関である。極右、極左、イスラム過激派などを対象に、潜入や盗聴などによって監視を行っている。逮捕された3人も、極右メンバーとして1990年代から捜査対象となっており、

ネオナチの一派「アーリアン・ガード」が掲げる旗にはネオナチのシンボルマークが描かれている（©Robert Thivierge）

前科もあった。しかし、国家社会主義地下組織の犯罪に対して連邦検察庁が捜査を開始すると、**憲法擁護庁の職員が彼らに関する書類を廃棄してしまった**のである。この責任を取って憲法擁護庁のハインツ・フロム長官が辞任する事態となった。その書類には情報提供者の本名や暗号名などが記載されていたという。

■今もうごめく闇の力

憲法擁護庁が隠したかった情報とは何なのだろうか。

旧東ドイツは、旧西ドイツと比べて

極右に対して寛容だといわれている。さらに、ドイツの捜査機関は、外国人に厳しく極右に甘いという評価もある。実際、国家社会主義地下組織の犯行と判明した事件も、捜査機関からはトルコの犯罪組織の内部抗争と見られてきたという。

しかも、捜査対象として挙げられながら、メンバーたちが10年以上も潜伏し続けられたということは、**背後に組織的な支援もうかがえる**のである。

メンバーの死と逮捕で国家社会主義地下組織は事実上解散されたという。しかし、その背後にあった組織はいまだ解明されておらず、真相は闇の中だ。

経済格差や移民問題を抱えるドイツでは右翼的な思想が再び勢いを増しているという。そんななかで過激な排斥思想を持った危険なネオナチグループが、今もなお地下組織の力をバックにドイツの地下でうごめいていることは想像に難くないのである。

蛇頭

【密入国者を支援する中国人の組織】

■ひそかに日本に入国する大量の中国人

日本に暮らす外国人で一番多いのが中国人だ。外国人登録者数で見ると76万人に上る。

だが、これはあくまでも公的な数字であり、実際にはさらに多くの密入国者がいるという。

そんな密入国を手引きしているのが、主に福建省を拠点として裏社会で暗躍するグループ「蛇頭《じゃとう》」である。

中国に蛇頭が出現したのは今から100年以上前の、明や清の時代のことだ。

トラックのコンテナ内で中国人密航者58人の遺体が発見された。写真は泣き崩れる被害者家族。蛇頭の関与が疑われている（写真提供：時事通信フォト）

古くから海外に華僑を送り出してきた福建省では、歴史的に**密入国**が行われてきた。

かつての蛇頭は、出稼ぎを希望する中国人から密航費用を受け取ってはいたものの、密入国先の国で仕事と住居まで斡旋《あっせん》していた。

密入国先の日本やアメリカには、異国での生活をサポートしてくれる同郷のリーダーがいて、帰国まで面倒を見てくれたものだった。

だが、現代の蛇頭は違う。密航を単にビジネスと割り切り、**金のためだけに海外への密入国を手助けするマフィア**と化し、日本などを標的に出稼ぎ中国人を送り込んでいるのである。

■日本のヤクザと手を組む

なかでも東京の新宿にある中国人居住区周辺では、チャイニーズ・マフィアが広く闇社会に根を張っているといわれる。

彼らの中には、「公司《こうし》」という会社組織をつくって繰り返し窃盗や偽造クレジットカード、パチンコ台の裏操作などをしているグループもある。さらに、日本のヤクザとも手を組んで、密航ビジネスで大儲けを企む蛇頭も現れるようになった。

このことが明らかになったきっかけは、１９９３年に鹿児島県阿久根市で起きた事件だ。１４５人の中国人密航者を乗せた第38長門丸が、鹿児島沖で海上保安庁によって捕らえられたのだ。

この**大量密航**を企てたのは、東日本の暴力団だった。目当てはもちろん多額の密航費である。

密航を成功させるためには、まず船を日本に接近させて密航者を上陸させなければならない。その際、船そのものが日本船籍であれば、堂々と港に入ることができる。そこに目をつけた暴力団員が、北海道の根室で廃船に追い込まれている漁船を利用することを思いついたのだ。

かくして、密航船は中国の福建省を、第38長門丸は長崎の茂木港を出発し、東シナ海の公海上で落ち合った。

この事件は、第38長門丸の不審な動きが海上保安庁に確認されて水際で摘発された。だが、このような事例は氷山の一角である。

■広がり続ける闇のネットワーク

密航ビジネスは莫大な儲けをもたらす。

第38長門丸事件のときの密航費用は、当時のレートで日本円にして1人300万円なので、蛇頭と暴力団は1隻だけで4億円以上を荒稼ぎしていたことになる。

密航費用は前払いが原則だが、それが無理な場合は密入国の成功後に本国の家族が支払うこともある。

高額の密航費用が必要になるにもかかわらず、日本を目指す密航者が絶えなかったのは、中国全土に広がる所得格差への不満が原因だった。

中国政府が行った富裕層優先の政策によって、中国国内では貧富の格差がどんどん広がっていたため、手っ取り早く稼ぐために日本に来たのだ。

だが、仕事がなければ犯罪でもいいという**カネ第一主義が蛇頭の秩序をも壊してしまった**のである。

それだけではない。闇社会と結びついた出稼ぎ労働者らは次々に犯罪者と化している。そして、稼いだ金は共謀した暴力団の資金源にもなっている。

白昼堂々、窃盗目的で民家に押し入り、住人に見つかったら殺害する。このような凶悪犯罪を起こしている多くの中国人は、密輸ブローカーと化した蛇頭に世話をされて日本にたどりついた〝出稼ぎ労働者〟なのだ。

金のためなら人殺しもしかねない、そんな凶暴な一部の中国人たちが、この日本の地下で脈々とネットワークを広げているのである。

【刑務所内のギャング】

アーリアン・ブラザーフッド

■全米最悪のプリズン・ギャング

現在、全米各地の刑務所には殺人、強盗、ドラッグなどさまざまな罪を犯した600万人以上の囚人たちが刑に服している。その人種は白人系、黒人系、ヒスパニック系、アジア系とじつに多彩だ。

懲罰を受け、社会復帰を目指すための施設であるとはいえ、アメリカの刑務所で服役する囚人には比較的自由が与えられている。

ただし、一方でそこは外の世界のルールがいっさい通用しない弱肉強食の無法地帯でもある。囚人たちは自衛手段として人種ごとにグループをつくり、食うか食われるかの極限状態の中で生き残りを図ってきた。

その結果生まれたのが、プリズン・ギャングと呼ばれるギャング団である。

なかでも、頭文字をとって「ＡＢ」と称されるアーリアン・ブラザーフッドは**全米最悪のプリズン・ギャング**だ。

アメリカの刑務所内で、ドラッグの密売や賭博の胴元、殺人までやってのける彼らは、刑務所内外に1万５０００人ものメンバーを抱える刑務所の影の支配者なのだ。

■密売、恐喝、殺人を繰り返す

人種差別が横行していた60年代以前は、囚人たちも人種ごとに入所する刑務所が分けられていた。

ところが、１９６４年に公民権法が施行され、法の下での平等が認められるようになると、その慣習は撤廃され多くの人種が各地の刑務所で入り混じるようになったのだ。

すると、一部の黒人たちは刑務所内で徒党を組んで白人を威圧するようになったのである。これに対抗すべく生まれた白人グループのひとつが、やがて**白人至上主義集団**であるＡＢへとその勢力を拡大させたのである。

ＡＢのメンバーは、他民族を徹底的に迫害したナチスドイツのシンボルであるハーケンクロイツ（鉤十字）や、欧米で悪魔の数字と忌み嫌われる「６６６」のタトゥーを体に刻みつける。そしてファミリーの一員として、ドラッグの密売や恐喝、殺人まで、受刑者とは思えない犯罪行為を繰り返しているのだ。

メンバーは組織の名前やナチスの鉤十字をあしらったタトゥーを体に刻んでいる

■一度入ったら簡単に抜けられない

結成以来、ＡＢは全米の刑務所で発生した殺人事件のうち、明らかになっているだけで30件以上の殺人や殺人未遂に関与してきたとされる。血が流される陰にＡＢありという、まるで

アーリアン・ブラザーフッド発祥の地であるサン・クエンティン州立刑務所。凶悪犯が収容されていることでも有名だ

死神のような集団なのだ。

たとえば、２０１３年春にはアメリカ西部のテキサス州で検事補と検事が相次いで射殺される連続殺人事件が発生している。

ＡＢのメンバー30人以上が大量に起訴された直後にこれらの事件が起きたこともあって、マスコミはこぞってＡＢによる報復だと書き立てた。

結局、プリズン・ギャングは事件に関与していなかったことが明らかになったが、一時は州から法務機関の関係者に警告も出され、恐怖のあまり担当する事件から離れた検事までいたという。

たとえ相手が誰であろうが仲間のためには殺人もいとわない、そんなＡＢの恐ろしさを伝える事件のひとつである。

とはいえ、そんな札つきのならず者たちを組織として束ねるのは容易なことではない。

そこで、ABの絶対的なルールに「BLOOD IN BLOOD OUT」というものがある。組織に入ろうとする囚人には、忠誠心を試すテストとして敵対する組織のメンバーの血を流すことが求められるのだ。

また、万が一組織から抜けるようなことがあるなら、そのときにはみずからの血が流れる。たとえ刑期を終えて出所してからでも組織から抜けることは許されず、刑務所内外のメンバーのためにいつでもみずからの命を投げ出すことが求められる。

掟を無視した者にはすみやかに抹殺指令が下され、全米に張り巡らされた組織のネットワークから逃げ出すことは不可能に近い。

プリズン・ギャングの世界には、一度入ると抜け出せない蟻地獄が待っているのだ。

【イタリアの街をゴミで埋め尽くす】
カモッラ

■潜入取材によって明らかになった闇

南イタリアの都市ナポリは、地中海に面した世界有数の観光都市として知られている。しかし、多くの観光客で賑わうナポリには、そのイメージとはかけ離れたダークな組織が存在する。

シチリア島のマフィアと並ぶイタリアの犯罪組織**カモッラ**である。

カモッラは、アメリカのオバマ大統領が２０１１年に発表した金融制裁リストの中にもその名前が挙がっている。

イタリアのジャーナリスト、ロベルト・サヴィアーノはその著書『死都ゴモラ』の中で、カモッラの犯罪システムを詳しく書いた。

決死の潜入取材によって明らかになったのは、カモッラが**麻薬密売などの組織犯罪**はもちろん、**偽ブランド品の販売や建設業、産廃ビジネスなどにも深く関わっている**ことだ。

ナポリは人口過密問題を抱えており、カモッラのような犯罪組織はその隙につけこんで荒稼ぎをしている（©Errabee）

そのネットワークはイタリア国内にとどまらず世界中に張り巡らされており、きわめて組織化された巨大な闇企業のような存在なのである。

サヴィアーノは『死都ゴモラ』出版の後、脅迫を受け、警察による24時間の身辺警護がつく事態になっている。

■ナポリをごみで埋め尽くす

『死都ゴモラ』の中でも言及されているのが、日本でも大きく報道された**ナポリのごみ処理を**

めぐる問題である。

風光明媚な観光地として名高いナポリの町並みが、路上に放置されたごみで埋め尽くされるニュース映像は世界に衝撃を与えた。

この問題の根幹には、ごみ処理をめぐる利権に食い込んでいるカモッラの存在があった。カモッラはナポリやその周辺の都市からごみを回収し、不法投棄や有毒廃棄物を焼却処分するなどして利益を上げていたのである。

市当局はカモッラの排除を見据え、新しくごみ処理場の建設を計画した。すると利権が侵害されることを嫌ったカモッラが市民をあおって反対運動を行い、既存の処理場を閉鎖した結果、町中にごみがあふれてしまったのである。

■社会のシステムに食い込む犯罪組織

イタリア当局は当然捜査に乗り出したが、しかし、事態を収めることができなかった。そこにはイタリア経済の根深い問題が存在している。

違法行為や犯罪行為などによる経済活動のことを**地下経済**というが、イタリアの

行政当局の収集作業がストップし、街にあふれた大量のごみ（写真提供:EPA＝時事）

地下経済の割合は**国内総生産のじつに30パーセントにも上る**と推測されている。

当然ながら納税申告がないため実態は不透明だが、その多くを担っているのがカモッラなどの犯罪組織であることは明白である。

国の借金の残高が依然として高く、経済状況に停滞ムードが漂っているイタリアで、地下経済を担う犯罪組織が存在感を増すのは当然の結果だろう。

その影響力は政財界にも及んでおり、元首相であるベルルスコーニがマフィアともつながりがあるといわれる秘密結社ロッジＰ２の出身であることはよく知られている。

地下経済活動を抑止するため、2012年に高額現金決済禁止法が施行され、1000ユーロ以上の現金支払いが禁止された。

しかし、すでにイタリア国内には、カモッラなどの**犯罪組織に依存した社会システム**のようなものが出来上がっていたのである。

イタリアの失業率は2015年6月の時点で12・7パーセント、若年層に限ってみると44・2パーセントにもなる。現在（2018年）では、それぞれ11パーセント、32パーセントに改善している

国内で就職するのが難しいナポリ近郊の若者たちは、カモッラが経営する外国のイタリアンレストランなどに就職口を求める。しかも、本業であるドラッグビジネスでさえも、それを支えているのは年金暮らしの高齢者層なのだという。

彼らは高利率の投資という話に乗ってドラッグの密輸資金に投資し、ときにはその隠匿にさえ関わってしまうのだ。ちなみに、マフィアの祖国といわれるイタリアの4大犯罪組織の収入は14兆円にも及ぶという。

先行きの見えない社会情勢につけ込んだ犯罪組織のネットワークは、一般市民をも巻き込んで不気味に増殖しているのである。

【メキシコ麻薬戦争の主役】

ロス・セタス

■殺された人の体には「Z」が刻まれる

2013年7月、メキシコ当局が1人の男の逮捕を発表した。ミゲル・アンヘル・トレビーニョ・モラレスという名のその男は、メキシコでもっとも凶悪といわれる麻薬組織ロス・セタスのリーダーである。

ロス・セタスは、メキシコ東部を中心に勢力を伸ばしてきた**麻薬組織**だ。

そのリーダーであるモラレスにはアメリカ国務省も高額の懸賞金をかけて行方を追っていた。メキシコ当局は海兵隊を投入し、アメリカ国境付近でモラレスを拘束したのである。

数ある麻薬組織の中でロス・セタスを際立たせているのはその凶暴さと残虐性だ。敵対する麻薬組織や警察関係者は残忍な手口で殺され、その遺体には**「Z」**（Zetas）の文字が彫られる。首や手足を切り取られた遺体は、まるで禍々《まがまが》しいオブジェのように道路に放置されることになる。

もちろん、裏切り者にも容赦はしない。**本人だけでなく家族までもが皆殺し**にされ、その殺人の様子や遺体はインターネット上に動画として公開されるのである。目を覆うような残酷な殺しのシーンや、見せしめのように置かれた犠牲者の遺体の画像がネット上にあふれているのだ。

ロス・セタスがここまで冷血な行為を繰り返すのは、その成り立ちにも関係がある。

ロス・セタスはもともと麻薬組織ガルフの軍事部隊として創設された。

当初、ロス・セタスを率いたのはアルトゥーロ・グスマン・デセナ大尉だ。デセナ大尉は対ゲリラ戦に備えて訓練を受けたメキシコ軍の特殊部隊GAFEの元隊長である。彼は元同僚や部下を高額な報酬で引き抜き、**高度な戦闘力を持った組織**をつくり上げたのである。その戦闘力の高さは、アメリカ政府も危機感を抱いたほどだ。

そうして麻薬組織間の抗争で存在感を発揮してきたロス・セタスは、しだいにその

2011年、逮捕されたロス・セタスの構成員と押収された武器（写真提供:EPA＝時事）

勢力を拡大し、ついにはガルフと対等な麻薬組織としての存在を認められることになる。

■収まる気配のない麻薬戦争

麻薬組織と政治家・警察の癒着も取り沙汰されるメキシコの闇は深い。その腐敗体質こそが、麻薬組織が強大化する原動力となっているのだ。

２００６年に就任したメキシコのフェリペ・カルデロン大統領は、国内にはびこる麻薬組織に対して全面的な対決姿勢を打ち出した。軍隊を動員して麻薬組織の一掃を図ったのである。当然、それに対する麻薬組織の抵抗は激しく、以降の犠牲者は組織関係者、警察当局など合わせて5万人以上ともいわれる。

2012年にはメキシコ北東部の幹線道路で49人もの遺体が発見された。そのほとんどは、頭部や手足を切断されていた。そのうち6人は女性で、現場にはロス・セタスの犯行声明が残されていたという。その後も高速道路の陸橋から吊るされた遺体が見つかるなど、その残虐性はいっこうに収まる気配がない。

麻薬戦争を取材するジャーナリストもその標的となっている。

メキシコでは2006年以降、少なくとも100名以上の記者が殺害されたり、行方不明になっているという。

凶悪で残忍なロス・セタスは、モラレスの逮捕で勢いを弱めるのだろうか。残念ながら、それはあまり期待できない。

モラレスの前のリーダー、エリベルト・ラスカノがメキシコ治安部隊に射殺された後も組織が弱体化することはなく、内部抗争や他の麻薬組織との争いを繰り返しながら勢力を増しているのである。たとえリーダーが逮捕されても、ロス・セタスはより凶悪な組織としてメキシコの裏社会に君臨し続けるのである。

【海の安全をおびやかす】ソマリアの海賊

■追い詰められた漁民が始めた海賊行為

２０１１年３月５日の深夜、商船三井のタンカー「グアナバラ号」が４人の男たちに襲撃された。

男たちは自動小銃を発射しながら、アラビア海を航行中のグアナバラ号に小型ボートで近づき、船に乗り移ったあと、操舵室に押し入って操縦ハンドルを握ったという。

知らせを聞いたアメリカ海軍とトルコ海軍の艦艇が急行し、男たちを拘束して乗っ取りは未遂に終わった。

このときの犯人は日本で裁判にかけられ、そのニュースは東日本大震災で混乱していた日本でも大きく報道された。

彼らこそ「ソマリア沖の海賊」と呼ばれる犯罪集団の一員なのである。

ソマリア沖の海賊は、**もともとその海域で漁業を生業《なりわい》にしていた人たちが、生活に困窮して海賊行為を行うようになったのが始まり**ともいわれている。

その背景には、１９９０年代にソマリア軍部が欧米企業と結んだある条約がある。ソマリア沿岸に産業廃棄物の投棄を認めるというものだ。

その結果、沿岸には毒性の高い廃棄物や放射性物質などを含んだあらゆる産業廃棄物が捨てられるようになったのである。

当然、海は汚染され、もともと輸出を目的として漁を行っていたソマリアの漁民たちは魚を売ることができなくなった。

そして生活に困った彼らの一部が海賊行為に走るようになってしまったというのだ。

■各国の軍隊に狙われる

彼らはロシア製の自動小銃ＡＫ－47やロケットランチャーで武装している。組織化

海賊の容疑で収監されたソマリア人容疑者(写真提供:共同通信社)

されており、高速ボートでタンカーや貨物船を襲撃する。

彼らの主な目的は強盗や殺戮ではなく、**タンカーや貨物船の乗組員を人質に取って貨物会社から身代金を取ること**だ。

世界銀行の発表によれば、2005〜2012年の間に4億ドル近くの身代金が支払われた。

そのため、人質は手荒に扱われることは少なかったのだが、国際社会からの締めつけが強まるにつれてその手口も荒っぽくなっていった。

そして各国の海軍による海賊への攻撃も激しさを増していくのである。

2011年には韓国海軍によって海賊

イギリス海兵隊によるソマリア沖での不審船の取り締まりの様子。このときは13人が逮捕された（©UK Ministry of Defence）

8人が射殺され、5人が拘束された。

2012年にはEUの海軍部隊がソマリア沿岸部にある海賊の拠点を空爆し、**海賊側は人質の殺害を警告した。**

同年12月にはパナマ船籍の「MVアイスバーグ1」の人質が2年半ぶりに救出されたが、この乗っ取り事件では、24人の人質のうち1人が海賊に殺害されたという。

またロシア海軍も駆逐艦を投入して海賊への攻撃を行っている。

■くすぶり続ける海賊たち

ただし、ソマリア沖の海賊は現状で

は明らかな減少傾向にある。

防衛省によれば、2011年に237件とピークに達した後は2012年が75件、2013年が15件と減り続け、2019年（1月～6月）は0件まで減少している。

これは自衛隊を含む各国の海軍などによる監視が功を奏した結果だといえる。圧倒的な軍事力を持つ海軍の前では海賊たちも船を襲撃することができないのだ。

とはいえ、じつは海賊に対してはそれを裁く**明確な国際法が存在しない**。

仮に捕らえたとしても身柄の扱いが難しく、そのまま置き去りにするケースも多い。海賊たちをどこでどのように裁くのか、はっきりとしたルールがなく、たとえソマリア沖から海賊が姿を消したとしても、彼らの活動拠点が移動したにすぎないのだ。

現在もっとも危険なのはアフリカ大陸の西側、ギニア湾だという。手口はより凶悪化し、殺害される人質も多い。

海賊を取り締まる抜本的な国際法が成立し、ソマリア国内の貧困や経済事情が劇的に改善しない限り、果てしなく広がる海のどこが新たな危険海域になってもおかしくないのである。

【世界中に出没する宝石窃盗団】ピンク・パンサー

■難民を中心に結成された強盗団

数年前のヨーロッパで宝石類の盗難事件が相次いだことがある。

２０１３年７月、フランスのカンヌにある高級ホテルで、**１３３億円相当の宝石や腕時計が盗まれる事件**が起きた。

フランスのメディアによると、スカーフで顔を覆った犯人はホテルで開かれていた宝石展に白昼堂々押し入り、自動小銃で警備員などを脅した。そしてスーツケースに宝石や時計を入れて、わずか数分でその場から立ち去ったという。このほかにもカンヌでは、５月にスイスの宝石商が、やはり高級ホテルで２億６０００万円相当の宝石

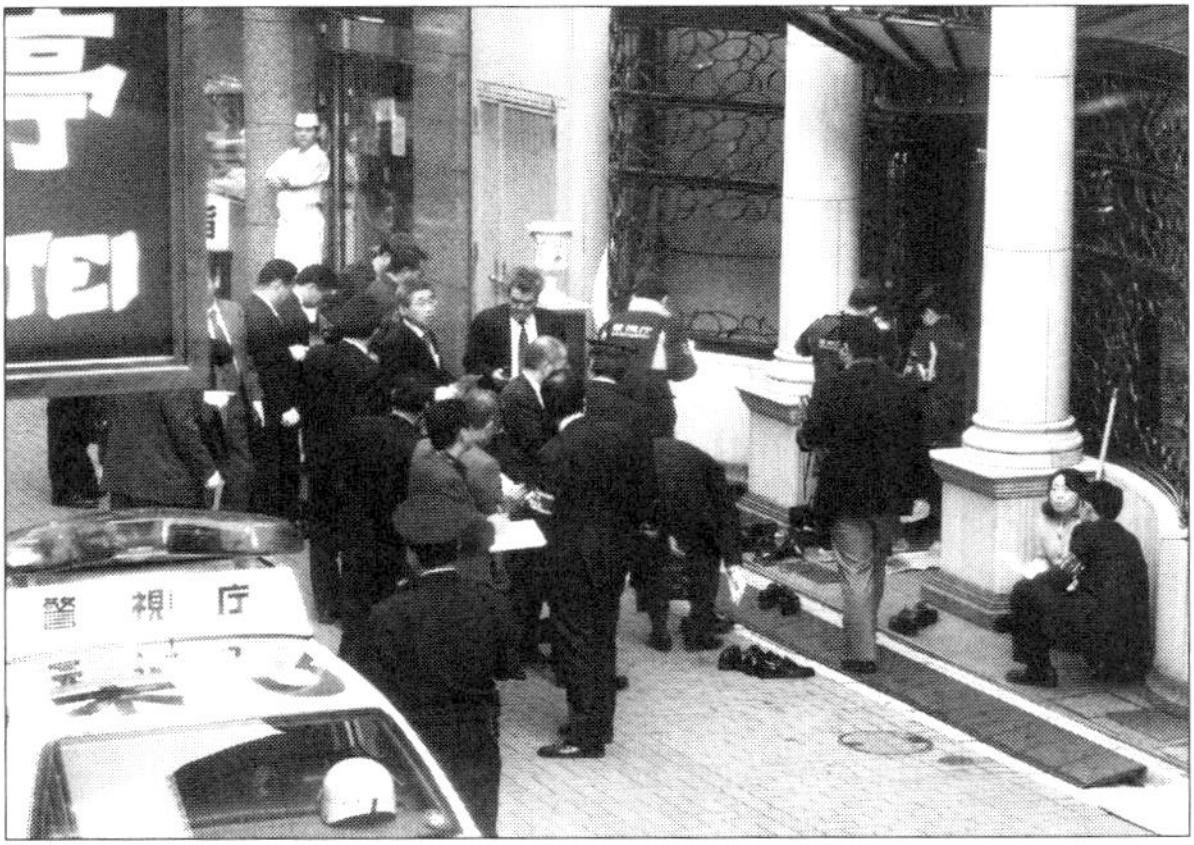

2004年、襲われた東京・銀座の宝石店を捜査する捜査員たち（写真提供：時事）

を盗まれている。

あまりに鮮やかな犯行手口から、事件後、安全対策の専門家は「犯人はピンク・パンサーではないか」とアメリカのNBCニュースで語っている。

このピンク・パンサーとは、**旧ユーゴスラビア南部の難民たちを中心に結成された国際宝石窃盗団**で、200人ほどのメンバーがいるという。

被害はヨーロッパだけでなくアメリカや中東など28カ国に及び、その被害総額は350億円を超えて**史上最悪の窃盗団**とも呼ばれている。

ちなみにピンク・パンサーという名前は、犯行の手口が映画『ピンク・パンサー』のワンシーンと似ていたことから、国際刑事警察機構（ＩＣＰＯ）の捜査員がつけたものである。

■数分で行われた強盗事件

ピンク・パンサーの犯行は、じつに巧妙な手口で行われる。

２００９年８月、イギリス・ロンドンの高級宝石店で、４０００万ポンド（当時約63億円）の宝石類がピンク・パンサーのメンバー２人によって盗まれる事件が起きた。これはイギリス犯罪史上、最悪の被害額であった。

夕方、客を装って入店した２人組はピストルで店員を脅したあと、わずか２分で宝石類を強奪する。そして近くに停めてあったＢＭＷに乗り込んであっという間に逃走し、その後シルバーのメルセデスに乗り換えて逃げていったという。

この**イギリス史上最悪の強盗事件**は、いとも簡単に実行されたのである。

ちなみに事件があった宝石店は、モデルのナオミ・キャンベルや元サッカー選手のデヴィッド・ベッカムも利用する超有名店だったという。

各国の警察も手をこまねいているわけではなく、これまでに数十人以上のメンバーを拘束してきた。ところが、彼らは組織や盗んだ宝石類の行方に関してはいっさい口を開こうとしない。そのため、これだけ被害が拡大しているにもかかわらず、ピンク・パンサーの組織の実体はいまだつかめないままなのだ。

しかもピンク・パンサーのメンバーは、**警察に捕まった仲間を助ける**ことでも知られている。2013年7月には、メンバー2人がスイスの刑務所を脱獄する事件も発生した。このときも協力者2人が車で刑務所の壁を突破し、発砲しながら脱獄の手助けをしている。脱獄囚の1人は8月にフランス南部で逮捕されたが、もう1人は依然逃亡中である。

そして、この脅威は日本にも及んでいる。2004年3月、東京・銀座の高級宝石店を2人のメンバーが襲撃し、総額約35億円の宝石を盗む事件が起きた。3年後にも、やはり**銀座の宝石店で2億8400万円相当のティアラ・ネックレスが盗まれている**。

容疑者の1人はキプロスから出国しようとしたところを拘束され、その身柄は日本へ引き渡された。組織の実体がつかめないだけに、ピンク・パンサーによる被害は今後も出続けるとされているのだ。

【一大麻薬帝国を築いた】クンサー・グループ

■麻薬密造地帯を支配した男

密林の中に爆発音が響き渡り、白煙が立ち上る。自動小銃を構えた兵士たちがあちこちで銃撃戦を繰り広げ、バズーカ砲や迫撃砲弾までもが飛び交う。

何も知らずにそんな映像を見せられれば、ベトナム戦争当時の野戦か何かだと思うだろう。だがじつは、かつてタイの山中で行われた麻薬組織同士の縄張り争いの様子なのだ。

こうした戦闘はタイ、ラオス、そしてミャンマーの国境が接する山岳地帯で昼夜を問わず展開された。この地域は**“ゴールデン・トライアングル”**と呼ばれ、世界最大

クンサー(右)と、ジャーナリストのステファン・ライス(左)(©Stephen Rice)

規模のアヘンとヘロインの密造地域だったのだ。

そのゴールデン・トライアングルを3万人の手下を率いて取り仕切った男が、**世界最強の麻薬王**として君臨したクンサーである。

■政府軍と戦いを繰り広げる

ゴールデン・トライアングル一帯では、19世紀頃からアヘンの原料となるケシが栽培されていた。この地域がさらにきな臭くなるのは、第二次世界大戦後のことだ。

中国共産党との内戦に敗れた国民党は台湾に退いた。ところがその一部は台湾に行かず、大陸を南下してミャンマー東部のシャン州に流れてきたのである。

すると彼らは、現地の村人たちが精製していたアヘンに目をつけ、ケシの栽培とアヘンの密輸に手を出すことで活動資金を得たのである。

父方からの中国人の血を引くクンサーも国民党の一員として**ミャンマー政府軍と戦いを繰り広げた**。このときの経験がのちに強大な軍事力を誇るクンサー・グループを築いたといっていいだろう。

やがて国民党からは離脱者が相次ぎ、巨大な麻薬の利権を狙って徒党を組む者も出てきた。

クンサーもその1人で、みずからの部下とともに軍事組織をつくると、組織にかつての上官を引き入れて兵たちを徹底的に鍛え上げたのだ。

その軍事力をもってクンサーの組織はしだいに頭角を現す。「ゴールデン・トライアングルアヘン戦争」といわれた戦いでは、一帯を牛耳っていた敵対勢力を入念な作戦のもとに急襲し、**12トンものアヘンを奪い取ってしまった**こともあった。

この戦いでクンサーと彼の組織は一躍名を挙げ、手に入れた大量のアヘンをもとに新たな武器を買い足すと、雪だるま式に力を蓄えていったのである。

タイ・ミャンマー・ラオスの3国が接するメコン川。ゴールデントライアングルはかつて危険な場所だったが、現在は一部が観光地化されている

こうして最盛期には、世界で密売されるヘロインの6割、アヘンに至っては8割以上がゴールデン・トライアングルでつくられるようになった。その頂点に君臨したのがクンサーだったのだ。

クンサーが売りさばいた麻薬は世界を汚染し、彼はアジア諸国ばかりかアメリカからもマークされ、国際指名手配犯になったのである。

■地元の支持を得ていた

クンサーがしたたかだったのは、私腹を肥やすばかりではなく、地元のシャン族の独立を掲げて政府と戦ったところだ。世界の麻薬王は皮肉にも**地元の人々にとっては英雄でもあった**。

1996年に彼は突如としてミャンマー政府に投降した。このときにも彼は裏では政府との間で密約を交わしていて、身の安全を約束させていたというのだ。

さらに、政府の資金援助により会社経営を行うなど**実業家へと華麗な転身を遂げた**のである。彼の組織もいっさいの武器を引き渡したというが、秘密裏に活動を続けていた疑いはぬぐえない。

クンサーは2007年にこの世を去った。生前の彼の写真を見ると、日焼けした顔と軍服に身を包んだ姿は威厳すら感じさせる。

屈強な軍事組織を操る一方で巧みなビジネスセンスも持ち合わせたアジアの麻薬王は、世界の犯罪史に名を残す悪のカリスマだったのかもしれない。

【反社会的な凶悪暴走族】ヘルズ・エンジェルス

■反社会的な「最後の1%」

日本の暴走族といえば、改造バイクで爆音を轟かせながら我がもの顔で走り回る不良グループというイメージがある。

しかしアメリカ合衆国には、日本の暴走族など足元にも及ばない筋金入りの**モーターサイクルギャング**が多数存在する。

暴走族よりも悪質で、一般市民に恐れられている彼らの中でも、とくに社会的脅威となっているのがヘルズ・エンジェルスだ。

第二次世界大戦後、アメリカ国内ではバイク愛好家の間でモーターサイクルクラブが生まれた。

その多くは、純粋にオートバイで走ることを楽しむためのもので、社会規範を守る健全なオートバイファンだった。

しかし、なかにはそんな主流派に背中を向け、あくまでも**アウトローに徹する反社会的なグループ**もあった。

アメリカン・モーターサイクリスト・アソシエーションが「99％のバイク乗りは遵法的である」と主張したことに対し、反社会的な彼らは自分たちを**「最後の1％」**と称し、犯罪行為もいとわない傍若無人な行動を繰り返すようになる。

モンゴルズ、サンズ・オブ・サイレンス、ヴァルチャーズなど名前を聞いただけで誰もが震えあがるモーターサイクルギャングが結成されたが、ヘルズ・エンジェルスは、その中でもっとも危険といわれるグループだ。

■コンサート中に起きた殺人

ヘルズ・エンジェルスは1948年に結成され、世界の22カ国に300以上の支部

隊列を組んで進むヘルズ・エンジェルスのメンバーたち（写真提供:EPA＝時事）

を持つといわれる。

メンバーは白人のみで約4000人という説があるが、下部組織を含めると2万人以上といわれ、その実態は把握されていない。

ほとんどのモーターサイクルギャングがグループ同士で同盟関係を結んで悪のネットワークを広げているなかで、ヘルズ・エンジェルスだけは常に他のグループと敵対関係となり、一触即発の状態に身を置き続けている。まさに孤高のワルである。

そのおもな資金源は、アメリカ南部で生産した覚せい剤を中心とする麻薬の密売、そして売春である。ドラッグの蔓延にも加担しているというわけだ。

そんな彼らの名前を一躍世間に知らしめたのが、1969年の**オルタモントの悲劇**である。

事件の舞台になったのは、ヘルズ・エンジェルスが生まれたカリフォルニア州にあるオルタモント・スピードウェイだ。

ローリングストーンズ主催によるロックコンサートが開催され、ヘルズ・エンジェルスは聴衆を整理する人員として雇われた。

報酬は現金ではなく、500ドル相当のビールだったといわれる。それだけなら問題はなかった。

ところが、コンサートが盛り上がった頃、悲劇は起こったのだ。

■警備する側が観客を殺害する

ステージに向かって押し寄せる群衆は、熱狂のあまりしだいに秩序をなくしていった。ヘルズ・エンジェルスは警備するというよりも、いつの間にか**群衆を威嚇し、暴力をふるい始めていた**。怪我を負わされた観客も出始めていた。

【左】メンバーには派手なタトゥーをした者も多い（©Gypsy Joker Protest Run）
【右】ニューヨーク本部の扉に描かれたエンブレム（©Librarygroover）

ヘルズ・エンジェルスの乱暴ぶりを見て、出演していたジェファーソン・エアプレインのボーカルが止めに入り、逆に攻撃されてコンサートが一時中断するという事態も起こった。

そんななかで、ついに死者が出た。

黒人青年のメレディス・ハンターが殺害されたのだ。背中をナイフで刺され、何人かによって袋叩きにされた結果だった。

犯人の1人アラン・パサーロは、ヘルズ・エンジェルスのメンバーである。**警備する側が観客を殺害するという前代未聞の事件**に全米が震えあがった。

パサーロはすぐに逮捕されたが、しか

し「ハンターが銃でステージを狙っていた、それを止めようとしただけで殺意はなかった。あくまでも正当防衛だ」と主張し、それが認められて釈放された。

このコンサートの映像はのちに一般に発売されている。そこには大観衆の喧騒の中でしだいに狂気じみて乱暴をふるい始めるヘルズ・エンジェルスの実態も映し出されていた。

つまり、オルタモントの事件は、反社会的な集団であることを標榜する彼らの恐ろしい姿が初めて世間に広まる出来事となったのだ。

さらに、ローリングストーンズのミック・ジャガーはヘルズ・エンジェルスとの関係を断ち切りたいと考えたのか、事件後「警備の依頼をしたことはない」と主張した。

これに腹を立てたヘルズ・エンジェルスは**ミック・ジャガーの暗殺計画を立てた**という話もある。

■社会悪の片棒をかつぎ続ける

その後ヘルズ・エンジェルスは、海外で紛争中の米兵を支援しようとして反戦団体

カリフォルニア州のエバーグリーン墓地の一画には、ヘルズ・エンジェルスのメンバーたちの特別製の墓がある（©Mercurywoodrose）

との対立関係を深め、衝突事件を起こして死者を出した。

その一方で、今も麻薬密売や売春などにより**社会悪の蔓延の片棒をかつぎ続けている**。

現在では、60年代から70年代にかけて世間を震撼させていた頃の威圧感は薄れたが、今もメンバーは全米、さらには国外にも健在である。

そして、2006年にはオランダで高級売春宿がヘルズ・エンジェルスによって経営されていることが明らかになり、その経営権をめぐってマフィアと長年にわたる抗争が続いてきたことも知られた。

1969年に公開された映画『イージーライダー』で、ハンドルを高く改造した「チョッパー」と呼ばれるバイクが知られるようになった。あれはまさにヘルズ・エンジェルスのスタイルが原型だともいわれる。今もその影響力の大きさは計り知れない。

社会全体を揺るがすヘルズ・エンジェルスは、アメリカ社会の奥底で、新たな騒動を起こそうと構えているかもしれないのだ。

【第二章】

歴史を変えた地下組織

韓民会

【伊藤博文暗殺の真相を握る？】

■暗殺された日本の初代総理大臣

日本は１９１０年から35年間、韓国を併合して統治していたが、当時、韓国内には日本統治に反対する過激な組織があった。その名を「韓民会《かんみんかい》」という。韓民会のメンバーは、日本のある要人を殺害したとされている。それは、日本の初代内閣総理大臣である伊藤博文だ。

伊藤は韓国併合にあたって初代韓国統監に任命されており、伊藤に恨みを持つ韓国国民は少なくなかった。

その伊藤が凶弾に倒れたのは、１９０９年10月のことだった。

暗殺される直前に撮影された伊藤博文（「5」の数字の下で帽子を取っている人物）

満州鉄道と韓国併合問題についてロシアのココフツェフ蔵相と非公式に話し合うため、伊藤は中国吉林省のハルビン駅に降り立った。

にぎやかに出迎えたロシアの外交団とあいさつを交わし終え、在留邦人の一団の方に向かおうとしたそのときだった。伊藤に向けて突然銃弾3発が放たれたのだ。

狙撃したのは、安重根《あんじゅうこん》という朝鮮人の男だった。この男が所属していた組織こそ、韓民会である。

■犯人を裏で操っていたのはロシア？

日露戦争終結直後の1905年11月、日

本と大韓民国の間には保護条約が結ばれ、伊藤博文が韓国統監に就任した。

当時、韓国には一進会という親日の政治結社があり、その数は公称80万〜100万人だったといわれている。伊藤が赴任してきた日には、その一進会によってソウルの南大門に「歓迎」の大幕が掲げられたという。

だが、その一方で日本の保護国になることを拒否する反日勢力も存在した。

そのひとつが韓民会なのだが、じつはこの組織は、**ロシア特務機関のスパイ養成組織**であったのではないかと噂されているのだ。

その根拠のひとつとなったのが、安重根が撃った拳銃だ。

暗殺事件の際、安が所持していたのはブローニング拳銃で、これはロシアのクンフト社がベルギーから購入して、ロシア陸軍に納入されていたことがわかっている。

事件現場となったハルビン駅は、当時ロシアの管轄下にあり、プラットホームには多くのロシア兵がいた。にもかかわらず、安はロシア兵のすぐそばまで近づき、その陰に隠れて発砲している。

さらに、その行動がかなりの訓練を積んだものであったともいわれているのだ。

朝鮮スタイルの服を着た伊藤博文と朝鮮夫人たち

■伊藤の遺体が示す矛盾

事件直後、ロシア側は安重根を含め25人の韓民会メンバーを拘束し、日本に引き渡している。

韓民会は、韓国が日本の保護国になることを阻止するのが目的で韓国統監の暗殺を企てたはずである。

だが、実際には**伊藤は韓国併合には反対していた**。一時的に保護国とするのも韓国に国力がつくまでと考えていたのだ。

つまり、反日勢力が暗殺事件を起こしたことによって、日韓併合は早まったのである。

しかも、死亡した伊藤の体から取り出さ

れた弾は、安が所持していたブローニング拳銃のものではなくフランス騎兵隊のカービン銃の弾だった。

また、検死の結果、致命傷となった銃弾は右肩を砕いて右の胸部に留まっていた。この銃弾は、伊藤より高い場所からでなくては撃ち込めない角度である。

しかし安はプラットホームにしゃがんで狙撃しており、**この位置に銃弾を撃ち込むのは不可能**である。

となると、安は実行犯とされながらも、実際には死に至らしめることはできなかったということになる。

そのため、実行犯は裏で糸を引いていたロシアではないのかとの憶測を呼んでいるのだ。

真相はいまだ明らかにはなっていないが、いずれにしても、テロリストの安重根は今でも韓国で独立運動家として英雄視されている。

【フリーメイソンから破門された】ロッジP2

■「教皇の銀行家」が暗殺される

1982年、ロンドンのテムズ川にかかるブラックフライアーズ橋で、バチカンやイタリア政界を揺るがすことになる**奇妙な首吊り死体**が見つかった。

その死体の身元はロベルト・カルヴィといって、イタリアの大銀行であるアンブロシアーノ銀行の頭取だった。

そのアンブロシアーノ銀行は、バチカンの資金調達と管理を行っている宗教事業協会、通称バチカン銀行と深いつながりを持っていた。そのため、カルヴィは**「教皇の銀行家」**とまでいわれた男だったのだ。

しかも、当初は自殺と思われたカルヴィの死体には、いくつもの不審な点が見つかっている。そのひとつが、彼のズボンのポケットから出てきた煉瓦《れんが》だ。

煉瓦は、石の加工職人たちの組合から発展したといわれる、あの世界的な秘密結社フリーメイソンの象徴でもある。

さらに、死体が見つかった橋の名前も何かを暗示しているようだった。ブラックフライアーズ＝黒い修道士とは、イタリアではフリーメイソンのことを指すからだ。

実際に、カルヴィはフリーメイソンのロッジＰ２に所属していたのである。

フリーメイソンから追い出される

ロッジとはフリーメイソンの支部のことをいう。ロッジＰ２（正式名称 Propaganda Due）は、もともとフリーメイソンのイタリア・グランドロッジ（本部）傘下で活動していたロッジだ。

だが、１９７５年に元ファシスト党員で反共主義者のリーチオ・ジェッリがロッジ長に就任すると、極右的な違法活動を積極的に行って、翌年には**フリーメイソンから**

事件の現場となったブラックフライアーズ橋。右上はこの橋に首吊状態で遺体となって発見された銀行頭取のロベルト・カルヴィ

ロッジとしての認証を取り消されている。

しかし、ロッジP2のメンバーはそのまま秘密裏に活動を続け、イタリアを震撼させた数々の事件に関与したと疑われている。

そのひとつである1980年の**ボローニャ駅の爆破テロ事件**は、駅舎のほとんどが崩壊し、80人以上が死亡、200人以上の負傷者を出す大惨事だった。

翌年には爆破テロ事件に関与した疑いなどでジェッリの自宅へ家宅捜索が入ったが、そこで見つかったロッジP2のメンバーリストには政治家や高級官僚、現役の将軍、銀行家、実業家など、イタリアの政界や経済界の大物が多く含まれていた。イタリアを揺るがす大スキャンダルとなったこのリストには、のちにイタリア首相となるベルルスコーニの名前も載っていた。

■教皇の暗殺にも加担した？

カルヴィが殺されたのは、そんな騒ぎの最中であり、アンブロシアーノ銀行が巨額の使途不明金を抱えて倒産した直後でもあった。しかも、カルヴィが暗殺される前後にも、**この件に関わった人物が次々に不可解な死を遂げている**。

カルヴィ暗殺事件の前には、アンブロシアーノ銀行とバチカン銀行の関係を調査していたイタリア警察の担当調査官が暗殺された。

事件後にはこの調査官の暗殺をマフィアに依頼した疑いで逮捕された銀行家のミケーレ・シンドーナが刑務所内で自殺している。シンドーナはロッジＰ２のメンバーであり、この自殺も他殺ではないかと噂されている。

また、１９７８年にわずか在位33日で心筋梗塞により急逝した**教皇ヨハネ・パウ**

1980年に起きたボローニャ駅爆破の様子。右上の人物は、この事件への関与が疑われたロッジP2の代表リーチオ・ジェッリ

ロ1世の死にもロッジＰ２が関与しているのではないかという疑惑もある。ヨハネ・パウロ１世は清貧の精神を保った人物で、バチカン内のフリーメイソン勢力を一掃しようとしていたというから、暗殺だったとしてもけっしておかしくないのだ。

いずれにしても、すべての真相は藪《やぶ》の中である。

その後、代表のジェッリはカルヴィ暗殺事件の容疑などで逮捕されたが、数年後に証拠不十分で無罪となった。

２００３年にはジェッリがロッジＰ２の再生プランを発表しているが、いまだ実現に至っていない。

【ケニア独立のための秘密結社】マウマウ団

■イギリスがつけた奇妙な名前

２０１２年、ロンドンの裁判所で下されたひとつの判決が注目を集めた。

３人のケニア人が、**半世紀以上前にイギリス政府から受けた拷問に対する補償を求めた訴訟**で、裁判所は３人の主張を認めて、補償を請求する権利があると結論づけたのだ。

これは前代未聞の決定であり、イギリス政府は今後同じような訴訟が行われるのではないかと危惧しているという。

それにしても、なぜそんなに昔の出来事が今もなお裁判沙汰になって注目を集める

ケニアの首都ナイロビにある、マウマウ団の指導者デダン・キマジ・ワキウリの銅像

のだろうか。

この3人とは、じつは元マウマウ団の兵士なのである。

この奇妙な名前は、イギリス側がつけた呼び方である。

ただ、その根拠ははっきりわかっておらず、ケニア人に対する蔑称《べっしょう》だという説、あるいは「白人はヨーロッパへ帰れ、アフリカ人に自由を」というスワヒリ語のスローガンからつくられた造語だともいわれる。また、ハイエナが食べ物をあさるときの擬音から生まれた言葉だという説もある。

正式にはケニア土地自由軍というこの組織は、いったいなぜ生まれたのだろうか。

■鎮圧のために軍隊が投入される

かつて、ケニアはイギリスの植民地だった。

その中で、**ケニアの独立を目指してつくられた秘密結社**がケニア土地自由軍＝マウマウ団なのである。

結成されたのは1942年で、ケニアで最大の民族であるキクユ族が中心になって組織化されている。その目的は、いうまでもなくイギリスの植民地政府に抵抗し、ケニアの自由と独立を勝ち取ることだ。

彼らは1952年から本格的にゲリラ闘争を開始した。標的にしたのは、白人が経営する農場や警察署、政府軍用地、さらに親植民地派のケニア人である。

これに対してイギリス政府は**5万の軍隊、そして戦車や爆撃機まで投入して応戦**した。その結果、イギリス側が相手を圧倒し、首都ナイロビで2万7000人、農村では100万人以上の反乱支持者が逮捕された。

さらには、約8万人が身体の自由を奪われ、軟禁状態を含めて**150万人が自由を奪われたと推定されている**。

マウマウ団の武装蜂起を警戒してパトロールする王立アフリカ小銃隊(KAR)の隊員。王立アフリカ小銃隊は、イギリスの植民地部隊で植民地の治安維持を担った

死者の数もはっきりわかっておらず、1万人から10万人との推測がある。そして、マウマウ団からは1万1000人の犠牲者が出た。

2012年に裁判で訴えが認められた3人の男女は、そのときイギリス側に捕らえられ、男性は去勢された上に暴行を受け、女性はレイプされたという。

もちろん、同じような目にあった兵士が他にもいたことは想像に難くない。

■ケニア人同士の確執

マウマウ団の闘争は1959年に鎮圧され、指導者だったデダン・キマジ・

ワキウリが死んだことでようやく終結した。

この反乱の後、マウマウ団の中心メンバーによりケニア・アフリカ民族同盟が結成され、その後**1963年のケニアの独立**へとつながっていった。

マウマウ団の目的であった独立は、そこで達成されたといえる。ところが、実際に政治の中枢に居座ったのは、かつて親植民地派といわれたケニア人だった。

そのために解放運動に参加した兵士たちやその一派は冷遇され、すべてのケニア人にとっての自由と独立は訪れなかった。

本当のケニアの独立が実現するのは2002年のムワイ・キバキ政権の誕生以降のことである。マウマウ団が立ち上がってからじつに50年かかってケニアは真の独立を勝ち得たのだ。

しかしその一方、戦いで傷ついた人々は今も数多く残っている。そして、冒頭で紹介したように今も裁判は行われており、その補償問題を通して、過去の暗い歴史の陰を思い出させているのである。

【ナチスの母体となった】トゥーレ協会

■アーリア人を至上と考える人々

第二次世界大戦は世界中にさまざまな不幸を生み出したが、なかでも世界中を震撼させたのがナチスによるユダヤ人の大虐殺である。

ナチスはユダヤ人であるという理由だけで、ユダヤ系市民を強制収容所に送り込み、ガス室で大量殺人を行った。その犠牲者の数は６００万人ともいわれている。

その**ナチスの母体となった組織こそ、トゥーレ協会**なのである。

トゥーレ協会の誕生についてさかのぼると、19世紀末のオーストリアにたどり着く。

19世紀末から20世紀初頭にかけて、ウィーンではアーリア人種（ゲルマン民族）をたたえる民族運動が盛んに行われていた。

「優秀なアーリア人種こそが世界を支配するにふさわしい」とする思想が蔓延していたのである。

それは裏を返せば、アーリア人種以外は劣悪な人種で、生きるに値しないという考え方でもあった。

そして、その過激な思想の矛先を真っ先に向けられたのがユダヤ人だった。

■小さな組織をまとめる同盟の誕生

当時のウィーンには、強烈な反ユダヤ思想を持つふたつの有名な組織があった。

ひとつは元修道士のアドルフ・ヨーゼフ・ランツが創設した新テンプル騎士団だ。

ランツは金髪碧眼《へきがん》のアーリア人こそ〝神人〟で、そのほかの人種は〝獣人〟とする「神聖動物学」を広めようとしていた。

そしてもうひとつが、グイド・フォン・リスト率いるアルマネン秘法伝授団である。

リストもまた、**オカルティズムに取り憑《つ》かれたアーリア人至上主義者**で、やがて訪

トゥーレ協会の会員がつくったドイツ労働者党のメンバー。前から3列目の中央やや左にヒトラーの姿もある

れる終末戦争の後にゲルマン民族の楽園が訪れると信じていたという。

こうした組織の活動によって反ユダヤ思想が日に日に高まるなか、1902年に隣国ドイツで反ユダヤ主義を掲げた雑誌『ハンマー』が創刊される。

これに刺激された読者によってドイツ各地にハンマー会なるものが誕生し、それを統一する帝国ハンマー同盟が結成される。

そして、ウィーンを源流とするふたつの流れは、1912年に帝国ハンマー同盟の地下組織ゲルマン騎士団としてひとつになったのだ。

協会のエンブレムにはすでに鉤十字が使われていた（左）。ヒトラーが収監された際に代理を務めたアルフレート・ローゼンベルク（右）もトゥーレ協会の一員だった

■ヒトラーの登場で強力になる

やがて第一次世界大戦が勃発すると、ゲルマン騎士団の活動は停滞する。

多くの団員が戦場に送られ、活動資金にも事欠くようになり、1918年についに内部分裂が起こったのである。

このときに、ゲルマン騎士団から分裂してバイエルンに非公式の支部ができた。それこそがトゥーレ協会だったのだ。

トゥーレ協会は、表向きこそゲルマン古代の研究を目的としていたが、**有色人種やユダヤ人を排除し、世界支配を目論むオカルト的な国粋主義集団**だった。

ナチスが使用していた鉤《かぎ》十字（ハーケ

ンクロイツ）も、もともとはトゥーレ協会のシンボルマークだった。

やがて、第一次世界大戦の終結翌年の１９１９年、トゥーレ協会の会員がドイツ労働者党を結成した。

その集会をスパイするよう軍に任命されて送り込まれてきたのが、**ドイツ軍で諜報活動の任務についていたヒトラー**だった。


ヒトラーは集会で演説する党員に対して苛烈《かれつ》で理路整然とした反論をぶつけた。その姿が党の有力者の眼に止まり、ドイツ労働者党に入党するよう勧められるのである。

こうして政治の舞台に足を踏み入れたヒトラーはみるみるうちに頭角を現し、その過激な演説で国内外の政治団体に知られるところとなった。

そうして彼は組織の実権を握り、ナチスの党首へと駆け上っていくことになるのだ。

そしてヒトラーを見出したトゥーレ協会は、当のヒトラーによって解散を命じられ、行き場を失ったメンバーはナチスの党員として史上最悪の行為に手を染めていくのである。

【一般市民を虐殺したゲリラ組織】
ベトコン

■ベトナムのためにアメリカと戦う

１９４５年に第二次世界大戦が終わってから、ベトナムはカンボジア戦争を経て南北に分断された。

このうち南ベトナムでは政情が安定せず、貧富格差が進行するなど、さまざまな問題が発生していた。

そんな状況に憤った者たちが結成したのが、**南ベトナム解放民族戦線、通称ベトコン**である。

彼らは「腐敗した南ベトナム政府の横暴に抵抗し、ベトナム統一と民族解放を求め

ベトコンによって爆破されたサイゴンのブリンクホテル。2人のアメリカ人が命を落とし、107人のアメリカ人およびベトナム人が負傷した(1964年)

る」と唱えていたが、実際には北ベトナムの言いなりであった。

そのため、アメリカや南ベトナムからはベトコンと呼ばれていた。ちなみにコンとは、コミュニスト（共産主義者）の略である。

彼らは結成後、南ベトナム政府に対する攻撃を開始し、宣戦布告もないままベトナム戦争が始まった。

ベトナムの独立と統一をめぐり、1960年から15年間にわたって繰り広げられたこの戦争で、南ベトナム解放民族戦線はアメリカ軍を苦しめることになる。

■何でもありのゲリラ戦を展開

ベトナム戦争は、中国やソ連の支援を受けた北ベトナムと、アメリカの支援を受けた南ベトナムが争うという構図だった。

最初はベトナム国内の内戦にすぎなかったが、北ベトナム側の台頭を恐れたアメリカが南ベトナム政府に介入したため、**戦いは泥沼の様相を呈していった**。

アメリカ軍はベトコンと手を組んでいた北ベトナムを爆撃し、さらに近代的な戦力をもって南ベトナムを支援した。

これに対し、ベトコンは正面切っての戦いを避け、**ゲリラ戦を展開する**。時には民間人を装って攻撃してくるため、どこからともなく仕掛けられる戦いに前線のアメリカ兵は疲弊していった。

これに手を焼いたアメリカ軍は、枯葉剤を散布した。これは、ジャングルを巧みに利用するゲリラ攻撃を防ぐための戦略だったが、のちに奇形の子供が生まれるなど、結果的には多くの一般市民に健康被害を与えた。

アメリカ軍の捕虜となり、移送を待つベトコンの兵士たち。ベトコンが繰り広げる神出鬼没のゲリラ戦を前に、最新鋭の装備を持つアメリカ軍も苦戦を強いられた

■一般市民を虐殺する

ベトコンはゲリラ戦を展開する一方で、**一般市民を巻き込んだ無差別テロ攻撃**も行っている。

捕虜となったアメリカ兵や南ベトナム兵を必要以上に虐待し、さらに味方の市民や兵士でも南ベトナム側の諜報員とみなされると、人民裁判にかけて即刻処刑した。

そして1968年、ベトナム戦争最大の転機となった**テト攻勢**においても、彼らは無差別攻撃を行っている。「テト」とはベトナムで旧正月を表し、その間は南北ベトナム軍はともに休戦するという暗黙の了解があった。

ところが、北ベトナム軍とベトコンはこの慣習を無視し、南ベトナムの各都市に対して一斉に攻撃を仕掛けた。

この作戦は大成功に終わり、一時はアメリカ大使館まで占拠するほどだった。

そしてベトナム中部にある古都フエもベトコンの支配下に置いたが、このとき彼らは南ベトナムの政府関係者を片っ端から捕らえ、路上で次々と処刑していった。

役人や警察官だけでなく、神父や学生、外国人医師などの一般人も処刑の対象となり、**2000人以上もの人々が虐殺された**という。

このテト攻勢を機にアメリカ本国では反戦運動が本格化し、ついに撤退を余儀なくされたのだ。そして1975年、南ベトナムの首都であるサイゴンが陥落し、ベトナム戦争は終結したのである。

南北ベトナムが統一されたあと、その役目を終えたベトコンは北ベトナム軍に吸収される形で解体した。

だが、ベトコンの面々は北ベトナムの労働党から疎《うと》んじられ、出国する幹部や元兵士も少なくなかったという。

【イスラムの暗殺集団】
ニザリ・イスマイリ

■イスラム教から生まれた過激派

イスラム教と聞くと、日本人の多くはテロや紛争など物騒なイメージを抱いてしまいがちだ。

もちろん、イスラム教徒のほとんどは敬虔《けいけん》な信徒なのだが、ごくわずかの人間が起こすテロや暴動などがネガティブな印象を与えてしまっている。

自分たちの理想とする国家・社会の実現を図るべく、犯罪的な行為を実行する組織をイスラム過激派というが、この先駆けともいうべき組織が**暗殺教団ことニザリ・イスマイリ教団**である。

暗殺を政治手段としたこの教団は、11世紀末から13世紀までバグダッドのカリフ朝やモンゴル帝国と敵対した。

イスラム教は、正統派のスンニ派と異端派のシーア派に分かれている。その後、シーア派から第7代のイマーム（シーア派の最高指導者）の後継者争いを機にイスマイリ派が分派した。

そして、さらにそこから分派して生まれたのがニザリ教団である。

■大麻と女を使って若者をあやつる

ニザリ教団は、正統イマームの末裔と称するハサン・イ・サバーが11世紀に開いた教団である。

彼らはイマームを唯一絶対の指導者として仰ぎ、それ以外の権威はいっさい認めず、イラン高原にあるアラムート城塞を本拠地として着々と勢力を拡大していった。

しかし、その教えがあまりに異端すぎたために、スンニ派とシーア派から警戒され、容赦なく迫害された。さらに、ヨーロッパから進軍してきた十字軍の攻撃も受け、何

ニザリ教壇が本拠地を置いたアラムート城砦の跡地（©Payampak）

度も窮地に立たされている。

そこでニザリ教団は、**〝暗殺〟という手段**を用いてこれらに対抗したのである。

マルコ・ポーロが著した『東方見聞録』には、ニザリ派が地元の若者を暗殺者に仕立てるまでの流れが記されている。

ニザリ教団が支配する山の頂に、**「秘密の花園」**と呼ばれる楽園があったのだ。

そこにはきらびやかな庭園があり、噴水があり、小川が流れていた。屋敷の中は贅を尽くした調度品が置かれ、妙齢の娘たちも勢揃いしていた。

教団の幹部は、そこに地元の屈強な若者を連れ込んで、**大麻を使って陶酔状態にしたあと、心ゆくまで楽しませた。**

上:アラムート城砦は写真のような巨大な岩の上にあった(©Simon Helle Nielsen)
左:ニザリ派の指導者、ハサン・イ・サバー。伝説では、山の頂に「山の老人」と呼ばれる人物がおり、大麻を使って若者たちを操ったといわれている

そして頃合いを見計らって、「○○を暗殺したら、もう一度ここで遊ばせてやる」と、若者をそそのかしたのだ。

こうして、若者に十字軍の要人など敵対勢力の人間を次々と暗殺させていったのである。

ちなみに、ニザリ派は**「アサシン派」**ともいうが、このアサシンから「アサシネーション」という暗殺を意味する言葉が生まれたともいわれている。

■現在も残る「死後の楽園」信仰

13世紀に入ると、今度は東方からモンゴル帝国が攻め寄せてきた。

　このときもニザリ教団はモンゴルの第4代皇帝モンケ・ハンを暗殺しようとしたが、失敗に終わっている。

　そして、モンケの弟フラグが率いる大軍の攻撃を受け、アラムート城砦は陥落した。城主は八つ裂きにされ、暗殺教団ことニザリ教団はこの世から姿を消したのだ。

　だが数百年の月日が経った今も、暗殺という手段を用いる過激派が少なくない。とくに恐ろしいのが、みずからの命を犠牲にしてまで行う**自爆テロ**である。

　過激派の指導者たちは、ニザリ教団の秘密の花園のように若者を洗脳している。**暗殺犯に仕立て上げるマインドコントロールが今もなお行われている**のだ。

　そしてその方法のひとつに、「祖国のために死ぬことで、死後に楽園が待っている」と信じ込ませるものがある。

　自爆テロの成功者を英雄に仕立てることで、他の狂信的な若者も「自分も彼のような英雄になりたい」と考え、自爆テロ犯へと変貌していくのだ。

【レジスタンス活動を繰り広げた】フランス共産党

■ナチスに対するレジスタンス活動

フランス共産党は１９２０年にフランス社会党から分離して結成された。この存在がはっきりしている政党組織を地下組織とすることに違和感を覚える人もいるだろう。しかし、このフランスに生まれた共産党は、誕生から現在までの約１００年の間に、国内・国外を問わず広い範囲で秘密裏に影響を与えた組織なのだ。

結党当初は党員が11万人いたともいわれるが、党内の権力争いによって勢いは急速に衰え、総選挙でも惨敗を喫する。しかし、第二次世界大戦で**ナチスドイツに対するレジスタンス活動**を繰り広げたことから急速に勢力を増すことになる。

ドイツ軍によって身体検査されるレジスタンスたち（©German Federal Archives）

当時、フランスには地下活動を続けていた「人民戦線」と呼ばれる組織があったが、この組織はフランス共産党から発生したもので、戦争時にはレジスタンスの中枢を担うようになっていた。

彼らのナチスの将校を射殺するという過激なやり方は、ナチスからの激しい報復を招いた。

血で血を洗うその熾烈な戦いぶりは、ナチスにおびえるフランス国民の間にも強烈な印象を残すことになる。

■ソビエトの影響下にあった

第二次世界大戦が終結した1945年の

総選挙で、共産党はフランスの第一党に躍進した。悪の組織の代表のようなナチスに抵抗した組織と聞けば、地下で活動した時期があったとしてもヒーロー集団のように感じられたのだろう。

しかし、**ヨーロッパでもっとも過激な共産党組織**としても名を馳《は》せた彼らは、ソビエト連邦とも深いつながりを持っていた。

じつは、フランス共産党がナチスドイツへの抵抗勢力として活動したのは、ソビエトの指導者**スターリンの意向が強く働いた結果**だという。

ナチスドイツはソビエトへも侵攻していたが、フランス共産党が暴れれば、ソビエトの軍事的な脅威を減らすことができる。同時に、社会主義勢力の拡大を牽制することも狙いのひとつにあった。

このソビエト追従の傾向は第二次世界大戦後も続き、フランス共産党はアフガニスタン侵攻やポーランド干渉、核兵器の保有まで、ソビエトの政策を支持している。

また、ゴルバチョフ書記長がアメリカとともに核兵器根絶を掲げると、今度はそれに同調して核兵器の根絶を訴えたのだ。

クメール・ルージュが政治犯を収容していた場所は現在虐殺博物館となっており、犠牲者たちの写真などが展示されている（©Pithawat Vachiramon）

■カンボジアの独裁者ポル・ポトを生む

さらに、フランス共産党が生んだともいえる最悪の独裁者がカンボジアの**ポル・ポト**である。

彼は一時フランスに留学しており、そのときに共産党内につくられたクメール共産主義グループに参加していた。ポル・ポトは、このときに**過激なスターリン思想に傾倒**していったといわれている。

スターリンといえば、ソビエトで大規模な粛清を行い、恐怖政治を敷いた悪名高き独裁者である。彼は秘密警察を使って、反抗的とみなされた人々を次々に逮捕・処刑した。

祖国カンボジアに帰った後のポル・ポトが行った蛮行についてはあまりにも有名だ。彼が率いた**クメール・ルージュ（カンボジア共産党）が行った大量虐殺**では、100万とも150万ともいわれる人々が命を落としている。

ポル・ポトはスターリンを支持するフランス共産党でその思想に強い影響を受け、スターリンと同じように、**反体制と判断した人々を虫けらのごとく惨殺していった**のである。

もともと差別的な傾向があったポル・ポトにとって、フランス共産党でスターリン思想に触れたことこそが大虐殺への引き金となったといえるかもしれない。

今では地下組織だった面影が薄くなったフランス共産党だが、独裁者に傾倒し、史上最悪の独裁者の1人を生み出したという血塗られた時代が存在するのも事実なのである。

【第一次世界大戦を引き起こした】黒手組

■正式名称は「統一か死か」

　１９１４年から４年間にわたり繰り広げられた第一次世界大戦は、人類史上初の世界大戦となり、世界の情勢を一変させた。

　この大戦は、オーストリアの皇太子フランツ・フェルディナントの暗殺から端を発したものだ。そして、この暗殺を引き起こしたのが**バルカン半島でもっとも凶悪な秘密結社とされた黒手組《くろてぐみ》**である。

　当時、バルカン半島ではセルビア人は抑圧され続けていた。それに不満を抱くセルビア人民族主義者たちが、１９１１年に黒手組を結成した。

黒手組というのはじつは俗称で、正式には**「統一か死か」**という。率いたのは、セルビア陸軍大佐のドラグーティン・ディミトリエビッチ、通称「アピス」である。

彼は優秀な成績で士官学校を卒業したあと、軍の参謀本部に勤務していた。だが心中ではひそかに全セルビア人の統一を志しており、まずは独裁的で人気のなかったアレクサンダル国王の暗殺を計画する。

1903年、アピスは同志とともに王宮に押し入り、国王と王妃を殺害した。この一件で彼はセルビアの英雄となり、情報局の長官に任じられた。そして、その地位を利用し、自分の手足となる秘密組織を築き上げたのである。

■皇太子暗殺を実行する

黒手組には謎が多く、メンバー同士の交流も限られていた。また、組織の秘密を守るための〝鉄の掟〟が37ヵ条もあった。

アピスはセルビアをオーストリア＝ハンガリー帝国の支配から脱却させることを第一に考え、その**皇太子の暗殺を計画**する。

皇太子暗殺の直後、捕獲される犯人

大公夫妻がサラエボを訪問することを知ったアピスは、黒手組の若手メンバー3人をサラエボに派遣した。このとき襲撃犯には、**計画実行後に自殺するための青酸が全員に配られていた**という。

1914年6月28日、襲撃犯たちは大公たちが通過する路地で待ち伏せし、1人のメンバーが爆弾を投じたが、これは未遂に終わる。

このとき大公夫妻の警備を厳重にしておけば、その後の悲劇は起こらなかったはずだ。しかし警備は厳重にはならず、大公夫妻は爆発で負傷した人たちを見舞うために病院に向かった。

このとき、襲撃犯らは最初の爆撃が失敗

仲間たちと相談をするアピス（右）

に終わったのを知り、その日の襲撃を諦めかけていた。

ところが、襲撃犯の1人であるプリンツィプが、大公夫妻が乗った車と偶然出くわしてしまう。彼はすかさずピストルを取り出し、車に駆け寄り**車中の夫妻に無数の弾丸を浴びせた**のである。

大公夫妻はボスニア総督官邸に運ばれたものの、帰らぬ人となった。

■逮捕されたメンバーと幹部

襲撃後、プリンツィプは秘密保持のため毒を飲んで自殺しようとしたが、死にきれぬまま拘束された。他のメンバーも拘束されて厳しく尋問されたが、最初は全員黙秘を貫いていた。

しかし、メンバーの1人が自白したことで黒手組の関与が明らかにされ、武器がセルビア政府の支給品であることも明らかになった。

激昂したオーストリア政府はセルビアに対し最後通牒を突きつけ、さらに黒手組のリーダーであるアピスの引き渡しも要求した。

だがセルビア政府はこれを拒否し、その結果、**オーストリアがセルビアに宣戦布告して第一次世界大戦が始まった**のだ。

監獄に入れられた若手メンバーは、その後肺結核に冒され、次々と死んだ。一方、セルビアはオーストリア軍に攻め込まれ、ギリシャに逃れて亡命政府を樹立した。

このとき、セルビア政府は戦争の原因をつくったのは黒手組だと断定し、アピスら幹部たちを逮捕した。そして1917年6月、アピスは銃殺刑に処され、黒手組も解散に追い込まれたのである。

【マンデラが率いたゲリラ組織】
民族の槍

■南アフリカの英雄が率いた組織

ノーベル平和賞の受賞者といえば、人類に貢献した温厚なヒューマニストという印象を抱く人も多いだろう。

１９９３年にこの賞を受けた**ネルソン・マンデラ**についても同じである。

南アフリカ共和国で長年にわたって民衆を苦しめてきた**アパルトヘイト（黒人差別）**に対して敢然《かんぜん》と立ち向かい、その撤廃に尽力したマンデラは同国を民主国家に導いた英雄であり、信念のために邁進した崇高な人物像が浮かぶ。

しかし、それだけではない。じつは、彼はかつて南ア共和国に脅威を与えたある組織を率いていたのである。それが**「民族の槍」**だ。

■法律で許された人種差別

南ア共和国には1944年に結成されたアフリカ民族会議という団体があった。これは**アパルトヘイトに対抗するための組織**だった。

1950年代に撮られた南アフリカ・ヨハネスブルグの非白人用の商店（©Paul Weinberg）

アパルトヘイトとは南ア共和国の全人口の16%にあたる白人が、残り84%の非白人を差別した政策のことである。

アパルトヘイトという言葉はアフリカーンス語で「隔離」という意味だが、非白人は文字どおり住む場所を制限され、参政権も認められないなど、生活のさまざまな面で理不尽

【左】1960年、抗議のために自分の黒人用身分証明書を焼却するマンデラ
【右】ズールー族の戦士。彼らにとって槍は重用な武器だった(1917年撮影)

な差別を受けていた。

とくに1948年に正式に法制化されてからは、多くの黒人がいわれのない苦痛を強いられてきた。

職種や賃金を制限され、土地の保有も認められず、貧困の中であえいでいた。異人種間の性交渉さえ認められず、まさに**人間扱いされない時代が続いていた**。

これに対し、反アパルトヘイトを掲げた組織がいくつか生まれたが、アフリカ民族会議もそんな組織の中のひとつだ。マンデラはその組織の実力者だった。

そして、その組織の中に結成されたのが民族の槍で、マンデラはその初代司令官に就任したのだ。

■アパルトヘイトの終わり

民族の槍は、主に**ゲリラ戦**を行うための組織だった。

政府の建物や鉄道施設、送電線などを爆破する、いわゆる**爆弾闘争を年間100回以上も繰り返した**。その武力闘争は、白人社会を恐怖に陥れた。

しかし白人社会の弾圧も厳しく、1962年8月に指導者17人が逮捕された。マンデラも逮捕者の1人だった。

彼は終身刑の判決を受けるとロベン島の刑務所に収監されたが、その収監は30年近くも続いた。その長さが、民族の槍がいかに社会的脅威であったかを物語っている。

1984年に有色人種とインド人に参政権が与えられたのをきっかけに、1994年までにアパルトヘイト政策は形のうえで解消され、南ア共和国から人種差別がなくなるが、そこには民族の槍の軍事活動が大きく貢献していたのである。

そういう意味では、マンデラは長年にわたって差別に苦しんできた人々を救ったといえるが、その裏には反社会闘争があったことも事実なのだ。

【黒人奴隷の逃亡を支援した】地下鉄道

■虐げられていた黒人奴隷たち

19世紀のアメリカでは、南部を中心に多くの奴隷が働かされていた。

その多くがアフリカ大陸から運ばれてきた**黒人奴隷**で、その数は１２００万人にも上ったとされている。

彼らはプランテーション農業などに従事させられたが、その扱いは過酷かつ非人道的だった。公衆の面前での暴力は日常茶飯事で、奴隷所有者は気に入らないことがあると奴隷をムチで打つなどして憂さを晴らしていた。

また、家主から強姦される奴隷女性も少なくなかったが、奴隷の所有者がいくら

19世紀のアメリカ・ジョージア州アトランタ。中央に写っているのは、黒人奴隷のオークション、販売をビジネスにしている会社。黒人奴隷は家畜同然に取引されていた

残忍に扱っても罪に問われることはなかった。

こうした過酷な暮らしを強いられた**奴隷たちを北部の州やカナダまで逃がすのを手助けしていた**のが、**地下鉄道と呼ばれる秘密結社**であった。

地下鉄道という組織名は、「地下に隠れる、潜る」といった意味から名づけられたもので、主に奴隷解放論者が参加していた。

彼らは地域ごとの班に分けられていたため、逃亡した奴隷たちは最初から最後まで同じ人物にエスコートされるわけではない。その地域ごとに異なるメンバーからの手助けを受けながら逃げて

いったのである。

■各地のメンバーが連携していた

地下鉄道のメンバーは、判明しているだけでも数千人はいたとされている。奴隷たちの逃亡ルートは、アメリカ東部から北西部一帯にかけて網の目のように張り巡らされていた。

地下鉄道では、秘密を守るために鉄道の用語を使っていた。「駅」「停車場」は奴隷の隠れ家、「乗客」は逃亡中の奴隷、「駅長」は奴隷をかくまった人たち、そして「車掌」は奴隷を誘導した人のことを指す。逃亡中の奴隷は、昼間は地下鉄道メンバーの家にかくまってもらい、暗くなったら次の「停車場」に向かって移動した。こうした巧みな手段を用いていたため、奴隷たちは無事に逃げることができたのである。

ただし、彼らは毎日必ず停車場に滞在できたわけではない。近くに隠れ家がないときには森や沼地に潜むこともあった。また組織名は地下鉄道だが、実際に鉄道を使って逃げた奴隷はほとんどいなかった。

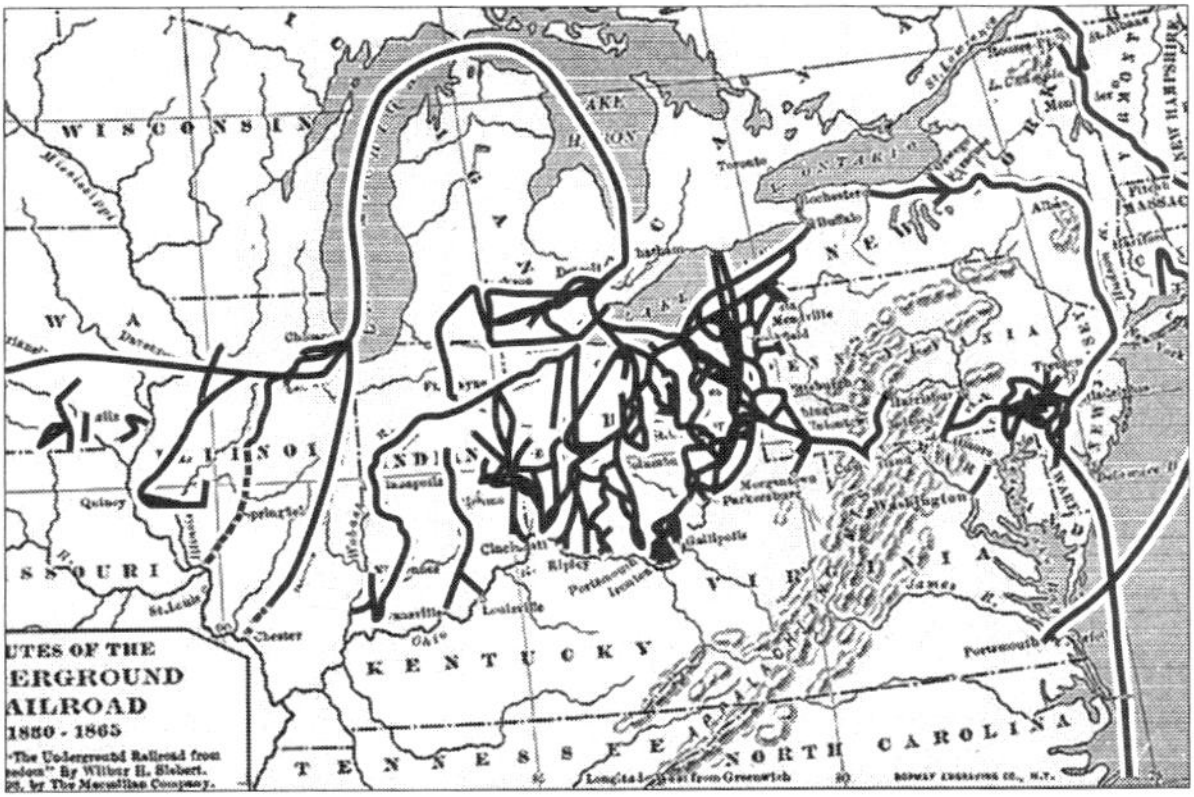

太線部分に地下鉄道のルートがあった

さらに南部では、奴隷に逃げられると新聞が逃亡した奴隷の情報を細かく掲載し、奴隷を捕まえた者には主人から賞金が出るなど、徹底的に追及した。

■黒人奴隷を助けた黒人たち

地下鉄道は19世紀に入った頃から活動が活発化した。

とくに自由黒人で商人のウィリアム・スティルは、月に約60人の頻度で奴隷を逃亡させ続けた。そのため彼は後年、**「地下鉄道の父」**と崇められる存在となった。

さらに、逃亡した奴隷が逆に助ける側になったケースもある。

「黒人のモーゼ」ハリエット・タブマン

ハリエット・タブマンという女性奴隷は1849年、北部への逃亡に成功したが、その後彼女は何度も南部に潜入し、数百人もの奴隷の逃亡を手助けしている。その功績から、タブマンは**「黒人のモーゼ」**と呼ばれるようになった。

地下鉄道は1810年から1850年の間に、3万~10万人の奴隷を逃がしたといわれている。

南部では奴隷が少なくなったことで奴隷の価格が高騰し、安価で奴隷を買えなくなった。その結果、工業技術が進んだ北部との格差が広がり、南北戦争へとつながったのである。

第16代アメリカ大統領のリンカーンは奴隷解放宣言を発表し、南北戦争で北軍が勝利すると奴隷を逃がす必要もほとんどなくなった。

こうして、地下鉄道はその役割を終えたのであった。

【第三章】

日本国内に存在していた組織

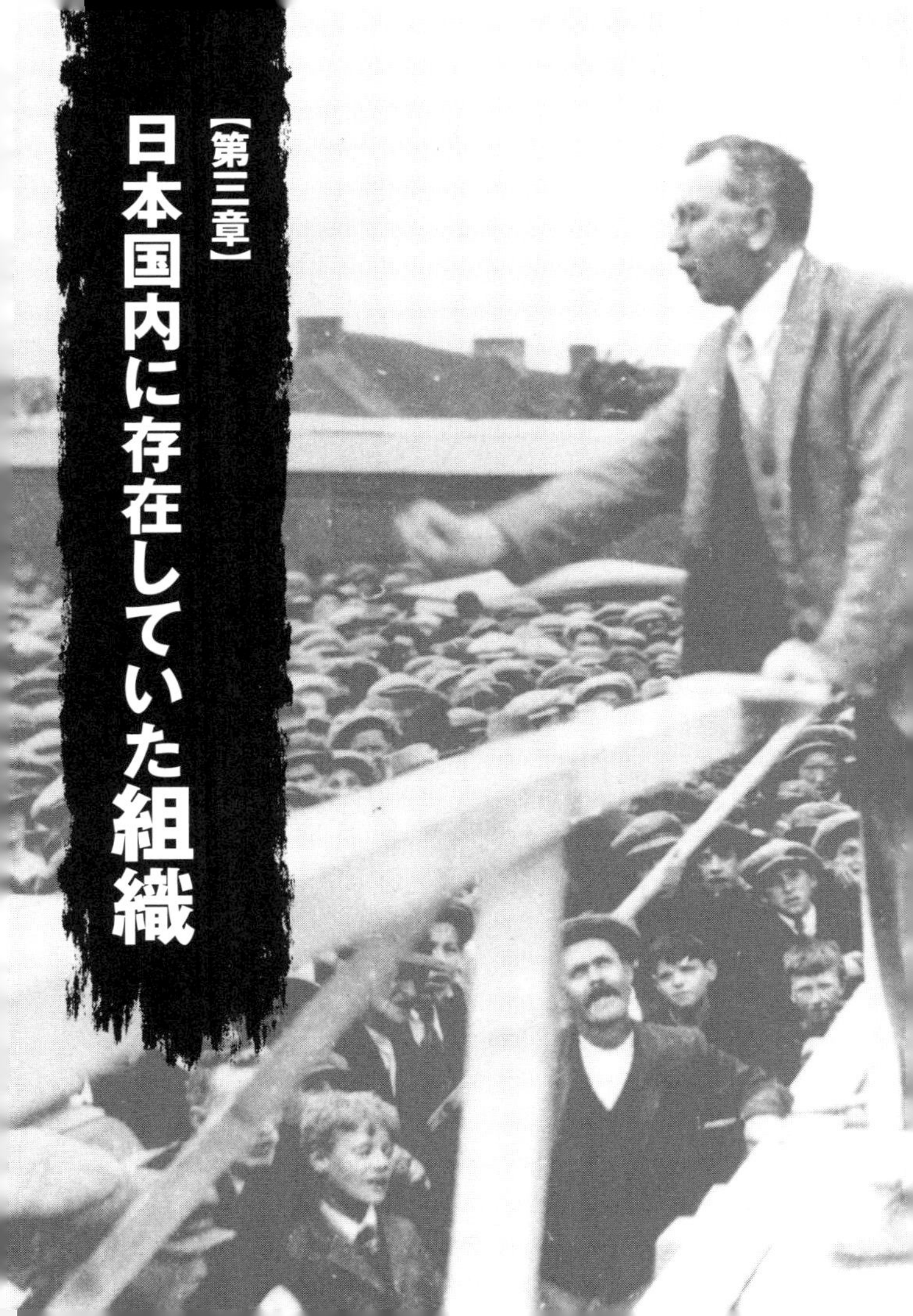

【天皇家を陰から守る】八咫烏

■3本足のカラスのもうひとつの姿

3本足のカラスとして描写されている八咫烏《やたがらす》は、現在も日本サッカー協会や陸上自衛隊中央情報隊などのシンボルマークに使われている。

日本神話では太陽の化身と考えられており、神武東征の折には、神武天皇を熊野国から大和国へ道案内をした鳥として登場している。また戦国時代には、織田信長を苦しめた雑賀衆《さいかしゅう》の鈴木家が旗印と家紋にこの八咫烏を採用していた。

そして、日本でもっとも古い歴史をもつ秘密結社の名前も**「八咫烏」**という。

この結社は少なくとも3000年前から存在するとされており、**天皇を守るための**

神武天皇を導く八咫烏（月岡芳年画）

活動を続けている。

王を守るという意味では、フリーメイソンと根幹は同じだ。八咫烏のメンバーは警察や法律の壁を越え、闇夜のカラスのように暗躍しているのだ。

明治時代までは、天皇が行う神道儀式の手助けをするのが八咫烏の主な仕事だった。ところが明治以降の天皇は国家元首となったため、外交儀礼や民間行事にも時間を割かなければならなくなった。

かといって、古来の儀式をおろそかにするわけにはいかないので、重要行事以外の神事は八咫烏の人間が**「裏天皇」**となって執り行うようになったのである。

■法律上は存在していない人々

八咫烏のメンバーは出生時に戸籍に入れないことになっている。そのため、彼らには名前がなく、**法律上では存在していない**ことになっている。

彼らはその一生を国体と神道の護持《ごじ》に捧げ、表に出るようなことはないが、陽明学者で思想家の安岡正篤《まさひろ》（1898〜1983）は、表に登場した数少ないメンバーの1人とされている。

安岡は伝統的な日本主義の大切さを主張し、政治家の近衛文麿《このえふみまろ》や、思想家の北一輝《きたいっき》などに影響を与えた。北の思想はのちに二・二六事件にもつながっている。

また「平成」の元号の発案や玉音放送の加筆などにも関与している。政財界や皇室から絶大な信頼を受けたことから、**「昭和最大の黒幕」**とも呼ばれた。

ちなみに、諸国を行脚《あんぎゃ》する虚無僧《こむそう》は八咫烏のスパイだったといわれている。彼らが諸国をめぐり歩くことで、八咫烏は国内の動きを細かいところまで把握できたという。

メンバーの数は70人前後とされ、彼らは生まれたときから神道の儀式や陰陽道、迦《か》波羅《ばら》など、八咫烏の一員として生きていくための知識を徹底的に叩き込まれる。

深編笠をかぶり、全国を行脚する虚無僧。実は八咫烏のスパイなのかもしれない

八咫烏の組織の中枢を担っているのは「十二烏」と呼ばれる12人のメンバーで、その上に3人の「大烏」がいる。「三羽烏《さんばがらす》」という言葉は、ここからきているという。

また、大烏は「金鵄《きんし》」とも呼ばれており、彼らが造化三神（三神にして一神）に対応し、「裏天皇」として神道儀式を執り行っているのだ。

裏天皇は天皇と同等の主権を保持していたともいわれているが、八咫烏はただ神道の儀式を執り行っているわけではない。

明治以前は、天皇や国体に害を及ぼしそうな者をひそかに誅殺することも少なくなかったという。

また天皇家に何かあったときは、天皇に

なりかわるシステムも確立されていたといわれている。過去には、「自分が天皇になる」と野心を抱いた足利義満、そして天皇家を自分の下に置こうとした織田信長が目的を果たす前に謎の死を遂げているが、これらに八咫烏が関与した可能性もなかったとは言い切れない。

他の国の王家が栄えては滅びるなか、天皇家だけが3000年もの年月を経て今もなお続いている。これも、八咫烏が裏でしっかりサポートしていたおかげなのだろう。

玄洋社

【GHQに解散させられた団体】

■明治維新後に生まれる

玄洋社《げんようしゃ》は、現在では右翼の源流と捉えられている。

右翼といえば、街宣車で騒音をまき散らす迷惑な団体というイメージを持つ人が多いだろう。

ふつうの人々にとってはあまり関わりたくない相手であり、社会全体からすればアウトローである。

ところが、その源流をたどってみると、誕生のもとになった組織は**現在の右翼とはかなり違った姿**をしているのだ。

玄洋社は頭山満《とうやまみつる》らを中心として、1881（明治14）年に創られた。

この頃はまだ明治維新の混乱が収まっておらず、明治政府に対して不平不満を持つ士族が大勢いた。

そのなかの旧福岡藩（現在の福岡県福岡市近辺）の不平士族たちが、玄洋社結成に加わったのである。

当初は自由民権運動を推し進める団体として発足し、国家主義運動の草分け的な存在としてその名を広めていった。また、国会開設の請願にも加わっている。

アジアの危機を叫び影響力を強める

折りしも当時は、世界地図が大きく書きかえられようとする時代だった。

ロシアは不凍港を求めて南下してきており、イギリスやフランスなどの欧米列強はアジアに植民地を増やしつつ東進してきていた。当然、極東の小国である日本にもやがてその脅威が押し寄せてくると考えられていた。

そこで玄洋社は、日本と日本人とを守るために、まず国権を強化すべきだと主張し

犬養毅(中央)、蒋介石(一番右)とともに写真に収まる頭山満(一番左)

た。そして、欧米諸国の力が押し寄せてくることをアジア全体の危機と捉え、**アジア各国が植民地化される前にその独立を支援する**考えを打ち出した。

この考え方は**大アジア主義**といわれ、政財界にも少なからぬ影響を与えることになる。

■戦争を有利に導く

政財界での影響力が強くなっていくにつれて、玄洋社の活動はしだいに過激になっていった。**構成員を使って情報収集や裏工作に奔走させ、日本を有利に導こうとした**のだ。

明石元二郎

その1人に、司馬遼太郎の小説『坂の上の雲』にも登場した明石元二郎《あかしもとじろう》がいる。

彼はフランス公使館やロシア公使館に駐在した軍人だったが、人脈を駆使して情報を集め、ロシア国内にくすぶっていた不穏分子に資金を配ることで内側から崩壊を画策した。

彼の仕事がロシアを弱体化させ、ひいては日露戦争で日本を勝利に導いたといわれる。玄洋社の人間は、**戦争の勝敗に関わるほどの動きをしていた**のだ。

そのほか、中国の孫文や李氏朝鮮の金玉均《キムオッキュン》、インドの独立運動家ラース・ビハーリー・ボースらにも接近し、その活動を支援して、大アジア主義構想を現実のものにしようとした。

ちなみに、ラース・ビハーリー・ボースは故国から亡命してきて、日本で死んだ人物だ。新宿中村屋にかくまわれていた縁で、創業者の娘・相馬俊子と結婚し、日本に

奥から３人目が頭山で、その左後ろにボースが座っている

純インド式カレーを伝えている。

いずれにしても、玄洋社は日本の歴史を陰で動かすほどの存在になっていったのだ。

■大隈重信を襲撃する

そんな彼らが起こした大事件のひとつが、大隈重信の襲撃だった。

当時外務大臣だった大隈は外国との不平等条約改正に乗り出そうとしていたが、それは外国からの強硬姿勢に妥協するもので、日本にとって不利な結果をもたらすものだった。

これに対して、1889（明治22）年、玄洋社構成員の来島恒喜《くるしまつねき》が実力行使に出る。

大隈重信を襲撃した玄洋社構成員の来島恒喜(右)。大隈はこの事件で右足を失い、以後、歩くのに杖を必要とした(左)

大隈に向かって爆弾を投げ、自分もその場で喉を切って自害したのだ。

大隈はこの事件で右足を失い、改正案は見送られることになった。これ以後、大隈の政治的影響力は一気に失われていく。

1901（明治34）年には、海外工作だけに特化した黒龍会が創られ、清朝政府軍と戦うことで孫文の辛亥革命を支援した。

日本の近代史は、玄洋社を抜きにしては語れないといってもいいだろう。

■GHQに解散を命じられる

昭和に入っても、玄洋社の影響力は衰えなかった。玄洋社と関係の深かった中野正剛《せいごう》らは、大日本帝国憲法を朝鮮と台湾にも施行して、内地との法律上の平等を図るべきだと主張し、大アジア主義の構想が生きていることを示した。

一方、頭山満と親交のあった葦津《あしづ》耕次郎のように、朝鮮独立や、満州帝国から関東軍が手を引くことを主張した者もいる。

時代の節目節目でその動きが注目され、政治に影響を与え続けた玄洋社だが、しかしその存続に危機が訪れた。あまりにも過激な行動を警戒した**ＧＨＱは、戦後、ついに解散を命じた**のである。

しかし、その精神は受け継がれている。その証拠に、1887（明治20）年から玄洋社が発行していた新聞『福陵新報』は今も名前を変えて存続しているし、玄洋社の運動家を多数輩出した藩校もまた、名前を変えて存続しているのだ。

その考え方、捉え方はさまざまだが、政財界に何らかの影響力を持つという意味では、玄洋社の精神は今も健在といえるのかもしれない。

【1人1殺のテロ集団】
血盟団

■狙撃された総裁候補の政治家

１９３２（昭和７）年２月９日、前大蔵大臣の井上準之助は選挙の応援演説をするために東京・本郷にある小学校を訪れた。

当時、井上は民政党の幹部で、次の総裁になるだろうと噂されるほどの実力者だった。民政党はライバルの政友会と日本の政界を二分していた巨大政党である。政党のトップになれば首相の座も夢ではなかった。

しかし、そんな井上を悲劇が襲う。１人の男が物陰から飛び出してきて、会場へと向かう井上に**至近距離からブローニング銃を発射した**のだ。

被告として裁判に出廷した血盟団

3発の銃弾を浴びた井上は、その場に崩れ落ちた。大急ぎで近くの病院へ運び込まれたものの、息を吹き返すことはなかった。

犯人の小沼正はその場で取り押さえられたが、小沼は犯行の動機をこう語っている。

「故郷に帰ったら農村がひどく困窮していた。それは大蔵大臣だった井上の政策が間違っていたからだ」

それで死という形で責任をとらせたというわけだ。

この事件の興奮が冷めやらぬ3月5日、再び惨劇が起きた。

狙われたのは三井財閥のトップだった團《だん》琢磨《たくま》である。團も至近距離から放たれた3発の凶弾に倒れた。

犯人の菱沼五郎は、政界と手を組んで私腹を肥やしている団を抹殺し、日本を不況から救おうと思ったと供述している。

犯人の2人はそれぞれ単独の犯行だと供述していたものの、同じ口径の銃を使い、犯行の手口も似通っている。

警察はこれを**連続テロ事件**だと見て捜査を始めた。そうして2人の背後関係を調べるうちに浮かび上がってきたのが、**血盟団**と呼ばれるテロ集団だったのである。

■スローガンは「1人1殺」

血盟団の主張をもっともよく表しているのが、**「1人1殺」**というスローガンだ。

彼らは国家の改造を目指していたが、その方法がきわめて過激だった。政界や財界の要人を1人ずつ殺し、今の枠組みを壊して新しい政権を打ち立てようと考えていたのだ。

こうした目的を実現させるために、血盟団は驚くべき暗殺計画を企てていた。

首相の犬養毅をはじめ、前総理大臣の若槻《わかつき》礼次郎、元老の西園寺《さいおんじ》公望《きんもち》、三井財閥の

團琢磨を暗殺した菱沼五郎(中央)。無期懲役の刑を受けたが、恩赦によりわずか6年で出所。その後は地元に戻り漁業会社を経営。後に茨城県の県議会議員も務めた

池田成彬《しげあき》など、政財界の大物を皆殺しにしようとしていたのである。その数は20人近くに上ったという。

血盟団のやり方は、**1人の暗殺者が1人のターゲットを襲撃する**というものだ。彼らはターゲットをひそかにつけ回して、生活パターンや警備状況などを入念に調べ上げた。また、本番で失敗しないように銃の撃ち方も練習していた。

このように周到な準備を重ねて凶行に及んだのだ。

■のちの時代にも影響を与える

血盟団の暗殺計画がすべて成功して

いたら、それこそ日本の歴史は変わっていたかもしれない。

しかし、実際に行われたのは井上準之助《じゅんのすけ》と團琢磨の暗殺だけだった。警察の捜索によって、次々とメンバーが逮捕されたからである。

ただ、大量の暗殺は失敗に終わったものの、これですべてが終わったわけではない。

血盟団は学生や農村の青年たちなど幅広いメンバーから構成されていたが、じつは海軍の青年士官たちも血盟団に参加していたのである。

本来、海軍士官もこの暗殺計画に加わる予定だったが、上海事変に駆り出されたために参加できなかったのだ。

その後、彼らは計画のひとつだった**犬養毅《いぬかいつよし》首相の暗殺**を決行した。**現在では「五・一五事件」として知られている事件**である。

血盟団そのものはなくなったが、現役の首相暗殺という凶事を引き起こしたのは、その意志を継いだ残党たちだったのである。

【外国で乱射事件を起こした】日本赤軍

■「革命」を目指す人々

2000（平成12）年、両腕に手錠をかけられた中年女性がテレビに映し出された。彼女は警察に護送されながらも笑顔で親指を立て、まるでこれが終わりではないと言わんばかりに「頑張るから！」と声を上げた。

この人物こそ、国際テロ組織である日本赤軍の女性リーダーであり最重要人物の1人である**重信房子**《しげのぶふさこ》だった。

この逮捕が意味するものはいったい何だったのか。

それを知るには、あるテロリスト集団の歩みを振り返る必要がある。

1960年代、日本では共産主義を支持する一部の過激派によって赤軍派が結成された。

赤軍派が掲げたのは「国際根拠地論」なるもので、その言葉の意味するところは「反民主主義国家の支援を受けて革命を達成する」という理想の実現だった。

手始めに行われたのが、日本航空機をハイジャックして北朝鮮への亡命を図った1970（昭和45）年のよど号ハイジャック事件である。

しかし、このときは成功とは言い切れず、事件前後には複数の逮捕者を出すことになった。

それを目の当たりにしたのが当時、赤軍派の幹部だった重信で、彼女は「解放と革命の戦場こそを根拠地とすべき」と結論づけ、活動の場をイスラエルとの戦いが激化していたパレスチナに求めたのである。

重信はひと足先に中東入りしていた仲間と合流し、やがて日本から次々と同志を呼び寄せた。この赤軍派から分派した集団こそが日本赤軍の母体である。

このとき中東に渡った中心メンバーはみな20代半ばで、その多くが高学歴だった。

そしてこの若者たちは、イスラエルの建国によって住む場所を奪われたパレスチナ

カメラに手を振る重信容疑者(写真提供:時事通信)

解放人民戦線(PFLP)などのパレスチナ・ゲリラと共闘、あるいは単独で、世界を舞台に残虐なテロ活動を展開するようになる。

「大衆に媚びればファシズムの進行を許す。革命を起こすには、暴力や軍事力で正義を証明するしかない」

このような妄想が、彼らをテロリズムへと突き動かしていったのだ。

■イスラエルで乱射事件を起こす

日本赤軍の名が世界に知れ渡った最初の事件は、1972年にイスラエルのテルアビブにあるロッド空港(現在のベン・グリ

銃乱射事件の現場。被害者の血のあとが残っている(写真提供:時事通信)

オン国際空港)で引き起こされた**乱射事件**だ。

その少し前、ＰＦＬＰはイスラエルによって仲間を射殺されていた。その報復として日本赤軍メンバーの岡本公三、重信の夫である奥平剛士、安田安之の３人が、居合わせた一般旅行者ら１００人以上に向けて自動小銃を乱射し、**24人もの死者を出したの**である。

安田と奥平は手榴弾で自爆、岡本は自爆に失敗して逮捕され、のちに終身刑を言い渡された。

このときの**床一面が血の海になった映像**は世界中に配信され、多くの人々を震撼させた。

それと同時に、民間人を無差別に襲ったテロリストが中東と縁の薄い日本の若者たちだったことは、言いようのない奇妙さを印象づけたに違いない。

逮捕後に岡本は、実行犯3人による覚悟のうえのテロ行為だったこと、最後は身元を特定されないために顔を破壊して自害することを決めていたと供述した。実際、現場に残された安田の死体には首がなかったという。

その後、重信率いる日本赤軍は、ハイジャックと大使館占拠という手段で数々のテロ行為に走った。そして30年もの時を経てようやく実現したのが、冒頭の逮捕劇なのである。

重信は2001年に獄中から日本赤軍の解散を宣言し、ついに終焉を迎えたかに思えたが、その後、新しい組織である「**連帯**《れんたい》（のちに「ムーブメント連帯」に改名）」が発足した。

彼らは今もパレスチナ民族の解放と日本の変革を標榜している。旧メンバーの中にはなおも逃走を続け、世界各地に潜伏している国際指名手配犯が何人もいる。

昨今は目立った活動はないが、警察はムーブメント連帯を**日本赤軍の事実上の継承団体**と位置づけ、警戒を続けているのである。

【いまだ死なない宗教団体】
オウム真理教

■都心で起こった大規模テロ

１９９５年３月20日、東京都心を走る地下鉄で、非常に毒性の強い神経ガスであるサリンが散布された。

平日の通勤ラッシュ時に複数の路線が狙われた結果、霞ケ関駅や国会議事堂前駅などはパニックに陥り、最終的には16人が命を落とし、６５００人あまりが重軽傷を負うという大惨事になった。

世にいう**地下鉄サリン事件**である。

この事件を起こしたのは、当時からカルト的な新興宗教として異名を馳せていたオ

教団の施設で修行する信者たち(写真提供:毎日新聞社)

ウム真理教だった。

麻原彰晃を教祖とする狂信的な教団であったオウム真理教は、その教義を「すべての生き物を輪廻《りんね》の苦しみから救済すること」としている。

しかしそれは彼ら独自の思想によるもので、一般の人々にとっては殺戮《さつりく》を正当化するための方便としか感じられないだろう。

実際のところ、彼らは過激な教義を盾に、拷問による信者の殺害やサリン、VXガスを使った殺害・襲撃を繰り返していたのである。

警察は、地下鉄サリン事件の前からオウム真理教に対する警戒感を強めていた。

それにもかかわらず、監視の目をかいくぐって都市機能の中心を狙った大規模テロが起きたことは、警察や公安関係者にも大きなショックを与えた。

さらに、教団施設に対する捜査などが進み、教団の姿が明らかになるにつれて、単なるカルト教団が起こした事件とは一線を画す疑惑が次々と浮上してきたのである。

事件後、まことしやかに取り沙汰されたのが、**ロシアや北朝鮮とのつながり**だ。

オウム真理教はモスクワに支部を持ち、麻原死刑囚の刑が確定した後もロシア人信者による**麻原奪回計画**が未遂に終わるなど、深いつながりを持っている。

教団が大量に所有していたという武器もロシア製の自動小銃ＡＫ―47である。また、上空からサリンをまくために大型ヘリコプターをロシアから購入していたという説もある。

現在でもロシアのオウム真理教信者の残党たちはモスクワで活動を続けており、集落のようなものを建設しようという動きさえあるという。

また、北朝鮮に太いパイプを持つある宗教団体がオウム真理教を実質的に支配していたという噂もあり、教祖であった麻原は、じつは北朝鮮の軍事組織のあやつり人形にすぎなかったという驚くような見方もあるのだ。

富士山近くのオウム真理教総本部に置かれたロシア製ヘリコプター(写真提供:時事)

■後続の宗教団体

地下鉄サリン事件の後、麻原は逮捕され、教団は解体された。しかし、その信者たちは別の宗教団体を設立し、活動を続ける形となった。

その際につくられたのが、現在オウム真理教の主流派といわれている宗教団体**「Aleph(旧アレフ)」**である。

アレフは、当初は麻原と距離を置くというスタンスをとったものの、現在では原点回帰傾向を強め、**麻原に対する絶対的帰依《きえ》**を掲げてはばからない。

祭壇には麻原の写真が掲げられ、彼が拘

置されている東京拘置所は、パワースポットとして参拝の対象になったほどだ。

拘置所のまわりをイヤホンをつけて麻原の説法を聞きながらぐるぐる歩き回ったり、蓮華《れんげ》座を組んで瞑想する信者もいた。

オウム真理教が起こした事件を知らない若者も増えた現在、アレフは地下鉄サリン事件を「公安のでっち上げ」といい、大学のサークルやヨガ教室などを隠れ蓑にして、若者たちへの勧誘の手を伸ばし続けている。

一方、2007年にアレフと袂を分かつという形で設立されたのが、宗教団体**「ひかりの輪」**だ。

アレフを脱会した信者たちと、オウム真理教の元幹部・上祐史浩氏が立ちあげた団体である。

上祐氏は麻原との決別を宣言し、地下鉄サリン事件をはじめとする数々の事件を誤りだったと認めている。数々の講演会やその著書、ホームページ上でも麻原やオウム真理教、アレフに対する批判を繰り返している。

表立って勧誘活動などは行わないとしており、その会員のほとんどはアレフから脱退してきた元信者たちだ。そのせいか、会員の平均年齢は高くなっているという。

2009年11月に行なわれたオウム真理教に対する抗議集会の様子。オウムは各地で住民との摩擦を起こした

しかし、公安調査庁の見方は違っている。公安調査庁は、アレフをオウム真理教の主流派、ひかりの輪を**オウム真理教の上祐派**であるとみなしている。

当然、上祐氏はこのことに反論しているが、危険な団体として警戒されているアレフと同様、ひかりの輪に対する公安調査庁の監視は続けられているのである。

■終わらない〝教義〟

公安調査庁の発表によれば、アレフとひかりの輪を合計した2012年の入信者は250名を超えており、2000年以降最多に上っているという。ただ、ひかりの輪の新規入信者は少数のため、そのほとんどがアレフに入信したことになる。

国の借金が1000兆円を超え、若者が将来に希望が持てないという社会情勢のなか、オウム真理教の起こした事件の記憶がない彼らが、甘言につられてカルトの闇に身を投じているのだ。

地下鉄サリン事件から19年がたった現在、教団は解体され、教祖や幹部の死刑も確定し、次々と刑が執行されている。

浅原彰晃と井上四嘉浩、新実智光ら元死刑囚7人は2018年7月6日に、残りの6人は同じ7月の26日に全員の死刑が行われた。

その中のひとりである新実は「虫を殺生しないよう用心しています。もう殺生を指示する人（浅原彰晃）はいません。今は償うことしか頭にありません。（中略）社会に戻ることはありません。再犯することもありません」と贖罪の思いを綴ったというが、その遺体は獄中結婚した妻に引き取られたという。

それにしても、オウム真理教をこれほどまでに増殖・暴走させた原因はいったい何だったのか、教祖の浅原は何を、どうしたかったのか、4半世紀経った今もその謎は解明されていないどころか、いまだに死なない狂信団体なのである。

三宝会

【小沢一郎を潰す団体だった？】

■竹下登がつくった組織

竹下登元首相は自民党の最大派閥「経世会」を率い、政界のドンとして君臨していた人物だが、彼が長年警戒し続けていたのが同じ経世会出身の**小沢一郎**だ。

小沢は若い頃からメキメキと頭角を現し、47歳の若さで自民党幹事長となったが、その後竹下と対立し、経世会の分裂を機に自民党を離れている。

その後、小沢はその政治手腕を活かし、野党をまとめて連立政権を樹立させるなど、自民党にとっては厄介な存在になっていった。

そこで１９９６年、竹下は大手メディアや大企業の幹部と結託し、みずからが最高顧問となって**「三宝会《さんぽうかい》」**という組織を設立したのだ。

長年、小沢と行動を共にしてきた平野貞夫は、著書『わが友・小沢一郎』で三宝会の表向きの設立理由についてこう記している。

「情報をいち早く正確にキャッチして、立場を異にする各分野の方々と円滑な人間関係を築き上げていく」

だがこれは表向きの理由で、平野は、三宝会設立の真の狙いは自分たちの利権構造を壊そうとする者を排除することにあったとも主張している。政官財の利権構造にメスを入れようとしていた小沢は、彼らの標的となったというのである。

「永田町のフィクサー」と呼ばれた福本邦雄がまとめた三宝会の会員名簿には、大手電機メーカーの会長や、大手航空会社の社長、大手マスコミ幹部など、錚々たる面々が名を連ねている。

彼らが竹下を中心に、本気で小沢を叩き潰そうと画策したことを示す証拠は存在しないし、もしかしたら本当に、ただ定期的に情報交換をしていただけだったかもしれない。しかし、三宝会の中心にいたのは、**大の小沢嫌いだった政界のドン・竹下登**である。情報交換をするうち、小沢の悪口で盛り上がることもあったはずだ。

1999年、談笑する竹下元首相(右)と小沢一郎(左)(写真提供:時事)

そして、そこから「剛腕」「コワモテ」「壊し屋」「傲慢」「わがまま」「生意気」といった、小沢のマイナスなイメージが創り上げられていったとしても何ら不思議ではない。

事実、三宝会の世話人だった後藤謙次は、事あるごとに小沢のやり方を批判していた。

なお、後藤は共同通信の編集委員だったが、のちに『NEWS23』のメインキャスターとなり、現在は政治コラムニストとなっている。

■竹下の死と小沢の凋落

小沢は巧みな政治手腕を発揮し、1999年には再び自民党と手を組んで与党へ復帰する。その一方で、竹下は体調を崩し、2000年に他界した。

その後、小沢は民主党に入り、代表となり政権交代を目指した。ところがその矢先、小沢の公設秘書が政治資金規正法違反で逮捕・起訴され、小沢は民主党代表の地位を辞した。

このとき、マスコミは小沢が有罪であるかのように騒ぎ立てた。だが、**検察の資料には多くのねつ造があった**ことが明らかになっている。三宝会には小沢嫌いの大物が多数いたが、彼らが何らかの圧力をかけていた可能性もある。

民主党が政権交代を実現させると、小沢は党幹事長に就任した。この時期までは彼も〝次の首相候補〟として国民から支持されていたが、民主党政権への風当たりが強くなると、剛腕と称されていた小沢の政治手腕にも陰りが見え始める。

その後、小沢は「国民の生活が第一」、「生活の党」、「生活の党と山本太郎となかまたち」、「自由党」といった政党を立ち上げるも、政界で一大勢力となるには至らず、2019年に国民民主党に合流している。

かつて自民党を政権から引きずりおろし、連立政権を打ち立てたときの再現を狙っていたようだが、それも幻となってしまった。

【旧日本軍のスパイ養成学校】
陸軍中野学校

■極秘の存在だった学校

陸軍中野学校は1938（昭和13）年につくられた、**日本で初めてのスパイ養成学校**である。

だが、戦前・戦中は極秘の組織だった。表門の看板には「陸軍省通信研究所」とだけ書かれていて、すぐ隣にある陸軍憲兵学校の教官でさえそこで何が行われているか知らなかったという。

当時、ここで学んでいる生徒をスパイだと見抜ける者はいなかったし、軍人とさえ思わなかったに違いない。彼らは普通の髪形をして背広を着ていたからである。

陸軍の一員ではあっても、あからさまに軍人だとわかる服装やそぶりをしていてはスパイとして失格だ。彼らには一般人にまぎれても不自然でないふるまいが求められたのである。

そんな中野学校の内部では、生徒たちが情報収集の方法をはじめ、宣伝・秘密通信法・暗号解読・変装など、あらゆるスパイ技術をたたき込まれていた。

それと同時に、一般教養や専門知識にも力を入れていたのがこの学校の特徴だ。単純な破壊から高度な政治工作まで、何でもこなせるスパイを目指した教育が秘密裏に行われていたのである。

■マッカーサー暗殺計画を立てる

中野学校を卒業したスパイは、東南アジアでの秘密工作で大きな成果を上げている。

たとえば、インドネシアでは放送という手段を用いた。オランダ語とインドネシア語を使った放送でオランダ軍を心理的に揺さぶり、インドネシア国民にはオランダに対する反抗心を芽生えさせたのだ。

あるいは、ビルマ（ミャンマー）では、独立運動を背後から煽《あお》るプロパガンダを行っている。そうして現地に混乱を引き起こし、日本軍の進軍を容易にしたのである。

陸軍中野学校の学生。長髪を許されており、スーツ姿の者が多かった

さらに、中野学校では捕虜になることは恥ではないと教えていた。

「捕虜になるくらいなら死を選べ」が常識だったこの時代としては驚くべき教えだが、捕虜になったらニセの情報を流して敵を惑わせろと命じられていたのだ。

しかし、多くのスパイを輩出した中野学校も終戦と同時に閉校になった。

ただ、これはあくまでも表向きの歴史にすぎない。卒業生たちは身を潜め、もし占領軍が横暴な行いをすればすぐに実力行使に出ようと極秘に活動を続けていたのだ。

ほとんどの謀略は未遂に終わっているものの、

その中にはなんと**マッカーサー暗殺計画**も含まれていた。計画には少なくとも3つのグループが関わっていたとみられ、**大量の武器を隠し持っていたグループもあったらしい**。また、卒業生の1人は身分を偽って、日本を占領していたGHQ（連合軍総司令部）内部に潜入していた。のちに本人は戦犯名簿を手に入れるためだったといっているが、マッカーサーの動向を探っていた可能性も高いのである。

今では中野学校の痕跡は何も残っておらず、わずかに東京警察病院に移転された「陸軍中野学校趾」の碑があるだけだ。とはいえ、自衛隊の情報組織が発足した当初から現在まで使われている『秘密戦概論』は、中野学校で使われていたテキストを元にしているという。もちろん時代に合わせた修正は施されているが、謀略の基本は受け継がれているのだ。

中野学校で学んだ学生は2131名で、このうち戦死者は289名、行方不明者は376名だ。ただ、諜報活動を行う際は偽名やニセの戸籍を用いることが多く、そのまま別の人間として生きた者もいたのではないかと考えられている。

中野学校のモットーは**「黙して語らず」**だ。戦後になっても卒業生の口は重く、なかなか真相は語られないのである。

【第四章】

独自の信念を持つ組織

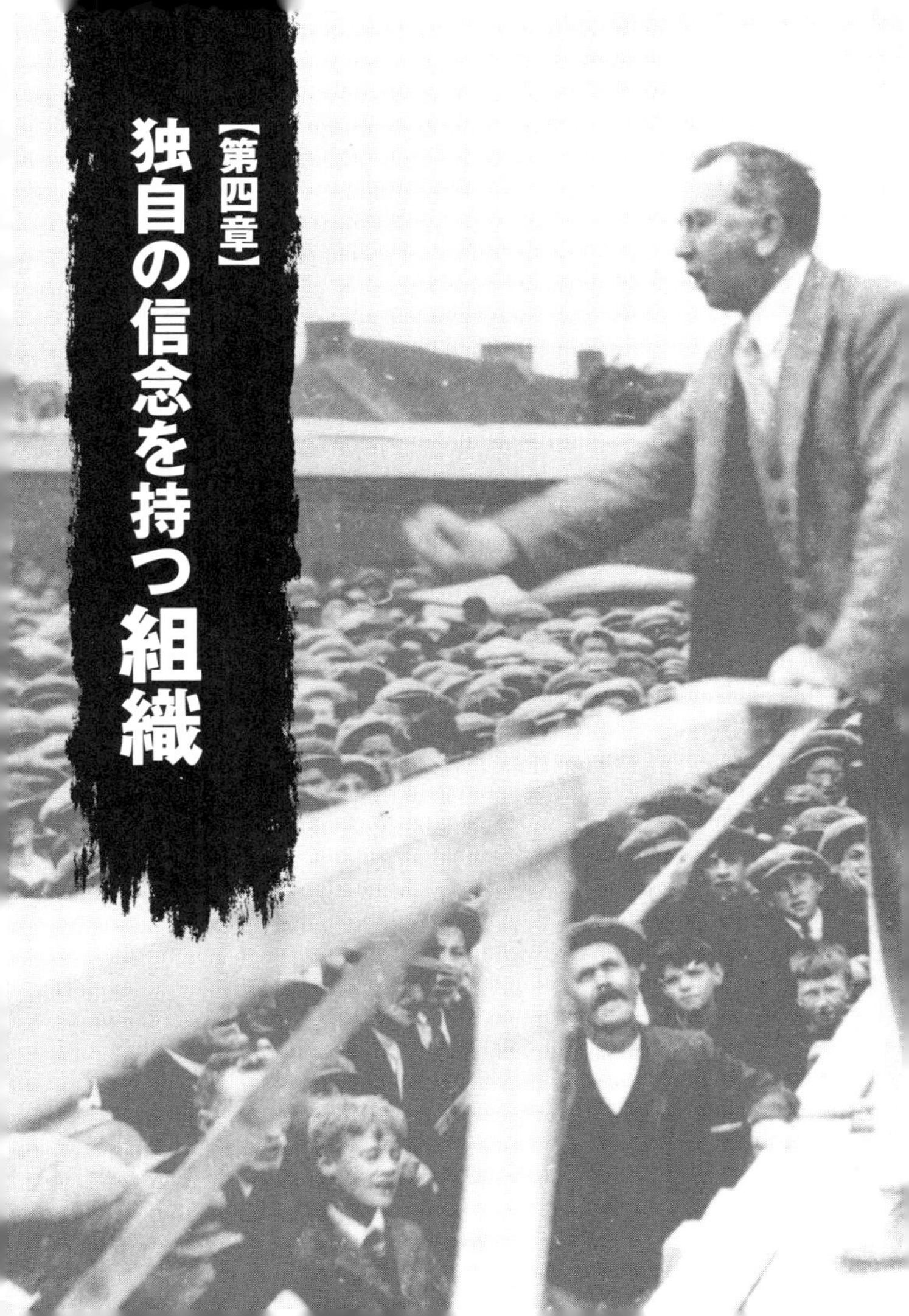

アノニマス
【素顔を見せないハッカー集団】

■「名無し」と呼ばれるハッカー集団

英語圏のネットユーザーの間でおなじみの掲示板サイトに「４ｃｈａｎ」がある。

この巨大掲示板は匿名で投稿ができるため、月間１０００万人を超えるユーザーの多くは自分の名前を書かずに画像や文章を投稿している。ネット社会の匿名性を象徴するかのようなサイトだ。

この４ｃｈａｎにユーザーが匿名で投稿すると名前のかわりに表示されるのが**「Ａｎｏｎｙｍｏｕｓ（アノニマス）」**という言葉だ。

アノニマスとは**「名無し」**を意味し、ネットの世界ではたびたび目にする。とこ

フランスで行われたアノニマスのデモ（©Frédéric BISSON）

ろが、この9つのアルファベットがやがて世界を震撼させるハッカー集団の呼び名になったのである。

■世界的なデモを起こす

アノニマスの存在が世間に注目されるようになったのは2008年のことだ。この年の初め、人気俳優のあるインタビュー映像がネット上に流出してしまう。

じつは、この動画は宗教団体サイエントロジーが撮影した部外秘のもので、教団は著作権侵害などを理由に動画を掲載したサイトに削除を求めた。

これに対し、情報の自由を奪うものだと

抗議したのがアノニマスを名乗るネット集団だった。彼らは電話やeメールで抗議を行い、教団のウェブサイトにサイバー攻撃を仕掛ける者もいた。

やがてアノニマスは、信者をサイエントロジーの洗脳から救い出すと宣戦布告したのである。そのうち、この反教団キャンペーンは現実の世界へと波及し、**サイエントロジーに対する世界的な抗議デモを引き起こした**のだ。

2008年2月に行われたデモは、アメリカ国内をはじめヨーロッパやオーストラリアなど世界各地でおよそ1万人が参加する大規模なものになった。

さらにこのとき、アノニマスはデモの参加者に身分を明かさないよう訴えた。すると、デモ隊には顔を隠すために真っ白な顔にヒゲ、不気味な表情をたたえた仮面をつける者が相次いだのだ。17世紀のイギリスで国会議事堂の爆破を企て、一部から反体制の英雄とたたえられているガイ・フォークスを模した仮面である。

この**「素顔を見せない」**というルールはアノニマスの規則として謳われるようになり、死神の顔のような奇妙なマスクは正体不明の集団にふさわしいシンボルとなった。

こうして、年齢も性別もさまざまな人々がネットの世界で次々と匿名のハッカーと化していったのだ。

2011年5月にモロッコで行われた抗議デモ。このようなデモが何度も行われた結果、モロッコ国王は憲法改正を提案し、新しい政権が立ち上がった（©Magharebia）

■「アラブの春」に関与する

アノニマスなどのハッカー集団が行うサイバー攻撃の代表的なものが「DoS攻撃」である。

これは大量のコンピューターからいっせいに特定のサーバーへデータを送りつけ、ときにはサイトの内容を勝手に書き換え、その機能を停止させてしまうものだ。

こうして、アノニマスが関与したネット上の事件は枚挙にいとまがない。

2010～2011年にかけて、アラブ諸国には「アラブの春」と呼ばれる民主化の嵐が吹き荒れたが、このときアノニマスは「オペレーション・チュニジア」「オペレーション・エジプト」と名づけた**サイバー攻撃を各政府のサイトに仕掛け、サーバーをダウンさせた**。

さらに、政府からネットの規制を受けていた現地の人々が自由に情報を発信できるようになった影にもアノニマスの存在があったという。

彼らはサイバー攻撃に乗じて政府の機密情報を奪い、それをリークすると脅しをかけてネットの検閲や規制を解かせたのである。

アラブ諸国の民主化革命はツイッターやフェイスブックといったソーシャル・ネットワーキング・サービスが支えたとされるが、匿名のハッカーたちもそうした情報発信に一役買ったのだ。

■日本も攻撃の対象になる

ところが、アノニマスの正義はしばしば暴走する。

2011年には、ゲーム機改造のためのプロテクト情報を公開したハッカーを訴え

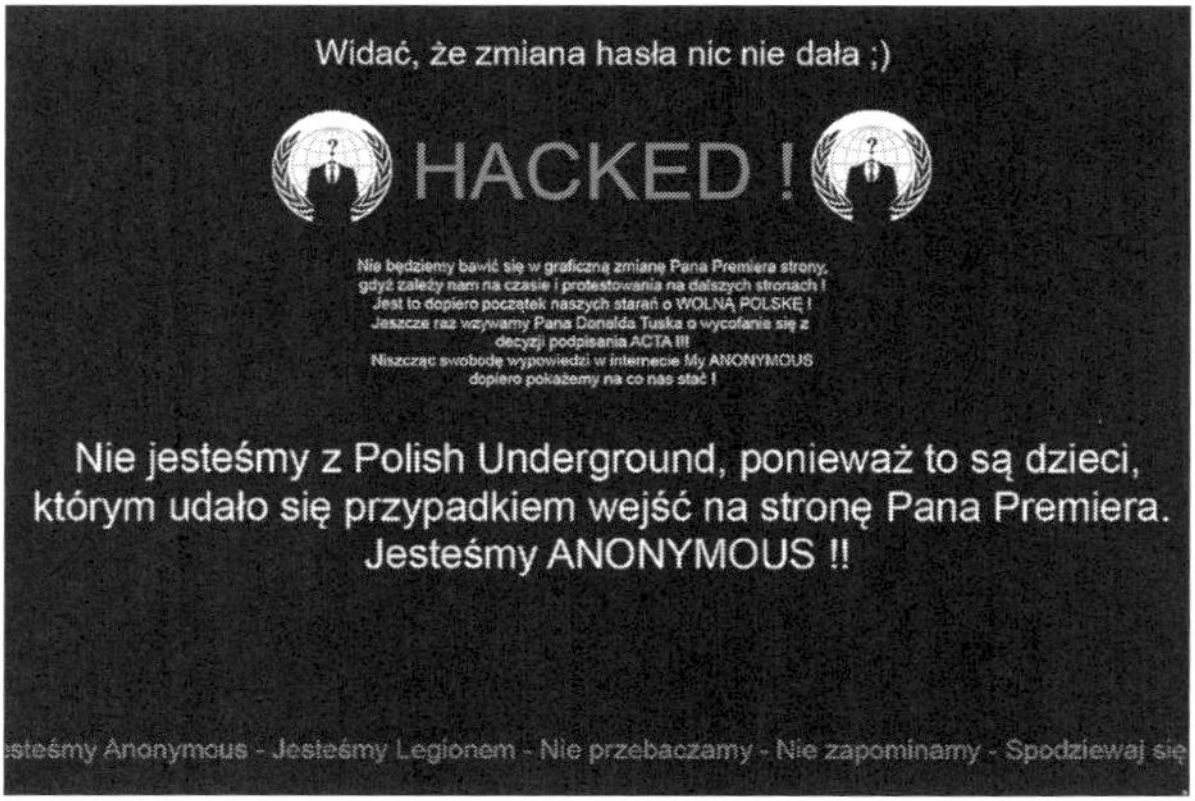

アノニマスによってハッキングされたポーランド首相ドナルド・トゥスクのサイト。政府関係や企業などのサイトが攻撃対象になる（©Anonymouspolandattack）

たソニーを報復攻撃した。これにより、ソニー傘下の複数のサイトがアクセスできない状態になった。

また、この年にはジュリアン・アサンジが主催した内部告発サイト「ウィキリークス」が世間を騒がせたが、アノニマスはこのサイトへの送金を禁止したカード会社に攻撃を仕掛け、ほんの数日でサイトの機能を完全にダウンさせてもいるのだ。

彼らのターゲットは英語圏ばかりではない。2012年の夏、アノニマスは日本の国会で海賊版ダウンロードへの罰則を盛り込んだ改正著作権法が成立したことに抗議し、日本政府などへのサイバー攻撃をネット上で予告した。

するとその翌日から、**財務省や最高裁判所など複数の官公庁ホームページが一部書き換えられたり、閲覧できなくなったりしたた**のである。事件との因果関係は明らかになっていないが、一連の不具合にアノニマスが関与している可能性は高い。

アノニマスはこうした攻撃を「虐《しいた》げられた人々のための貴いものだ」という。たしかに、彼らはときにマザー・テレサのようにみずからを省みず、弱者に救いの手を差し出すが、一方では自由のためと称して無差別攻撃を行う。表裏一体のなんとも厄介な集団なのである。

2013年には、自称アノニマスのリーダーがアメリカ西部のテキサス州ダラスで逮捕された。ただし、アノニマスには固定のリーダーや指令系統は存在せず、オペレーションごとにふさわしいスキルや情報を持ったリーダーが登場するという。

参加するハッカーも世界各地から吸い寄せられるように集まってくる。つまり、高度な知識を持ったネットユーザーなら、**誰もがアノニマスのメンバーになり得る**といっても言い過ぎではないのだ。

形を持たない匿名の集団は、今後も世界を騒がせ続けるだろう。

【人口の削減をめざしている?】
ローマクラブ

■人口の削減を狙っている?

1973年秋、人々は殺気立った顔でスーパーマーケットに行列をつくっていた。一様に目指すのはトイレットペーパーである。そうして、山のように積み上げられたトイレットペーパーは開店するやいなや一瞬で完売してしまった――。

日本中をパニックに陥れた、世にいうオイルショックである。

この年、第四次中東戦争の余波からアラブの産油国は原油価格を7割も引き上げることを決め、世界的に石油の価格は大暴騰した。

それが発端となって「紙がなくなる」という噂が飛び交い、原油価格とは直接関係のないトイレットペーパーの買い占めという事態を招いてしまったのだ。

ところが、偶然か否か、こうした石油不足を、さらには数十年後に石油が枯れ果ててしまうと予言した集団がいる。

科学者、経済学者などがメンバーにその名を連ねた**ローマクラブと呼ばれる研究機関**である。

このローマクラブが、発表されている通りに環境問題を研究する識者の集団であれば何の問題もない。ところが彼らは、人類が生き残る術として**ひそかに人口削減計画の陰謀を企てている**というのだ。

■人類の成長の限界を予想した報告書

イタリアのコンピューター関連会社で副社長をしていたアウレリオ・ペッチェイが、その財力をもって設立したのがローマクラブである。

1968年にローマで活動を開始した彼らは、4年後に『**成長の限界**』と題した報告書を発表する。

1973年にドイツで行われた平和賞授賞式の一場面。中央がローマクラブ創設者のペッチェイ（©German Federal Archives）

そこに書かれた内容はじつにセンセーショナルなもので、このまま人口増加や環境破壊が続いた場合に人類と地球が直面する可能性をさまざまなシミュレーションによって検証した。

そして結論として、**100年以内に人類の成長は限界に達すると警鐘を鳴らした**のである。

冒頭のオイルショックが発生したのはこの報告があった翌年のことだったため、彼らの提言が一躍注目された。

しかも、創立者のペッチェイには、イギリスの哲学者であるバートランド・ラッセルの意思を受け継いでいるという話がある。

ローマクラブ所属者。上段左から元ソビエト大統領ゴルバチョフ、オランダ王女ベアトリクス、インド首相マンモハン・シン、元ドイツ大統領ヴァイツゼッカー、下段左からケニアの環境保護活動家ワンガリ・マータイ、ヨルダンの王族ハッサン・ビン・タラール、スペイン王ファン・カルロス1世、ブラジル元大統領カルドーゾ

このラッセルは、**ペストのような細菌は人口増加に歯止めをかけられる**と説き、**〝20世紀最悪の人物〟**とまでいわれた過激な人物なのだ。

ペストといえば、14世紀にヨーロッパを中心に猛威を振るい、当時のヨーロッパの人口をおよそ3分の1にまで激減させたといわれるウイルス性の感染症だ。

ペッチェイや、彼の肝いりで創設されたローマクラブは、感染症のパンデミック（世界的な大流行）による人口の間引きも辞さないというのだろうか。

■組織の影響力は拡大している

現在、パンデミックの可能性が懸念されている感染症のひとつが**エボラ出血熱**である。

エボラ出血熱は1970年代後半からアフリカ大陸で何度となく大流行し、高熱に続く出血で多くの犠牲者を出している恐ろしい感染症だ。

ただし、アフリカ以外の地域での発生はほとんどゼロに等しい。

もしもこの流行の背後に何らかの計画が存在していたら……。あるいは飢餓、対立する民族間の泥沼の内戦などが、アフリカの人口にダメージを与えるための作為的なものだったとしたら……。考えるだけで背筋が寒くなる話である。

ローマクラブはこれまでに人類の将来に関する30以上のレポートを発表し、現在ではユネスコや世界各国のＮＧＯと協力するまでに至っている。

組織の力がここまで大きくなった今は、そうした活動のすべてが表向きのものでないことを祈るばかりである。

【世界統一権力の樹立をたくらむ】ビルダーバーグ会議

■会議は完全非公開

「ビルダーバーグ会議？　そんなの聞いたことないよ」という人は多いだろう。日本のメディアが報じることはないからだ。

しかしこの会議は、世界の大きな流れを決めているのではないかと噂されている、とてつもない影響力を持つものなのだ。

ビルダーバーグ会議は１９５４年から続く歴史ある会議で、イルミナティの傘下にあるといわれている。

第１回の会議がオランダ・オーステルベークのビルダーバーグ・ホテルで開催され

第1回の会議の舞台となったオランダのビルダーバーグホテル(©Michiel1972)

たことから、その名がつけられており、毎年1回、欧米の政財界の大物や王室関係者、貴族などが集まって行われる。

2019年も5月30日から6月2日まで、スイス西部の街モントルーのホテル・モントルーパレスで開催されている。いわば、イルミナティの〝年次総会〟のようなものだ。

会議は**完全非公開**で行われ、出席者や議題は公表されるものの具体的に話し合われた内容までは明らかにされない。

会場は主に5つ星のホテルで、開催中は全館貸し切りとなる。専用のスタッフが入り込み、食事はそれぞれの自室でとらされ、全館の盗聴チェックまで行われるなど厳重態勢を敷いている。

この会議には**デビッド・ロックフェラー**や**ビル・ゲイツ**など、経済界の錚々たる人物が参加している。

また**ビル・クリントン**、**マーガレット・サッチャー**、**アンゲラ・メルケル**といった政界の大物は、会議に出席した数年後には大統領や首相に就任している。

■参加者のほとんどを欧米人が占める

長年ビルダーバーグ会議の研究にたずさわってきたジャーナリストのダニエル・エスチューリンは、会議の参加者についてこのように記している。

「**世界でもっとも力のある人々**で、彼らはビジネス、金融、世界政治、戦争と平和、世界の資源と資金に絶大な影響力を持っている」

またエスチューリンは会議の出席者について、「参加者は130名ほどで、うち欧州出身が3分の2、残りはアメリカとカナダの出席者が大勢を占める」とも指摘している。

ビルダーバーグ会議に反対する人々。会議会場周辺にはしばしばこのような人々が集まり、「グローバルマフィア」などと書いた看板で抗議活動を行う（©Mark Taylor）

参加者の経歴は、３分の２が多国籍企業や金融機関、教育、メディアなどのトップクラスで、残りは閣僚経験者や政治家などが占めているという。欧米諸国以外で参加したのはイランやイラク、ニュージーランド、中国など、数えるほどしかない。

かつて日本が経済成長を遂げていたとき、デビッド・ロックフェラーが日本人の参加を提案したことがあるが、欧米貴族からの反対にあって却下されている。日本で出席したことがあるのは、２００９年、当時ＩＡＥＡ（国際原子力機関）の事務局長だった田中伸夫だけである。

初代議長ベルンハルト

この会議には、**欧米至上主義や人種差別の思想が今も根強くはびこっている**のだ。

ちなみに、会議の設立にはCIAも関与していたが、このときのCIA長官は人種差別肯定論者のウォルター・ベデル・スミスだった。彼の信条も、おそらく会議に反映されていたことだろう。

■創立者は元ナチス親衛隊の貴族

そもそもビルダーバーグ会議が設立されたのは、当時アメリカや西欧諸国と冷戦関係にあったソ連と東側諸国を封じ込め、崩壊させるためだった。

ちなみにこの当時のメンバーは、創立者のベルンハルトを筆頭に〝**黒い貴族**〟と呼ぶにふさわしい面々がそろっていた。

ベルンハルトはオランダのユリアナ女王の配偶者で、世界自然保護基金（WWF）

の設立にも携わっていた。このＷＷＦは人口増加の抑制を宣伝してきた団体で、理事の中には犬や猫のための人肉缶詰をつくることや、人間の死体を絶滅危惧種のエサにすることを提案した人物もいた。

また、オランダ王室に嫁ぐ前のベルンハルトは**ナチス親衛隊**に属し、毒ガス「チクロンＢ」を製造していたＩＧファルベンに勤めていた。アメリカの軍産複合体とも親しく、**ロッキード事件にも関与**している。

１９７６年、アメリカのロッキード社をめぐる贈収賄が発覚したときは、このベルンハルトの関与が疑われている。オランダ政府は調査委員会を設け、彼の起訴を検討したほどである。

だが、ベルンハルトが起訴されると、配偶者であるユリアナ女王の逮捕は免れない。そこで当時、彼が就いていた軍関係の要職から退くことで起訴は免れたのだ。

■目標は欧米による世界統一権力の樹立

最近の参加者にはグーグルの元ＣＥＯであるエリック・シュミットもいるが、会議では人間の情報管理を容易にする「人体埋め込みチップ」についても議論されている。また日本については、「マイナンバー制度」や、各国政府や財界への工作、GPSによる大衆監視、国際通貨統合などが議題としてあがったこともあったという。

その年によって議題に上がってくる内容はそれぞれ異なるが、**ビルダーバーグ会議の最終的な目標は「欧米による世界統一権力の樹立」**とされている。

欧米ではこの会議の存在を危険視し、なかには反対行動を起こす人もいる。会議の開催地には、毎年反対派の市民団体やジャーナリストが押しかけるが、参加者の顔ぶれは当局によってチェックされているという。

1997年の会議では、カナダからケベック州を分離した残りの地域をアメリカに統合させる計画が持ち上がった。ところが、その情報を入手したエスチューリンが、カナダのマスコミにリークしてしまう。これにより計画は頓挫したが、のちにエスチューリンは何者かに殺されかける事件が起きた。

何事もなく平和に生きていきたいなら、ビルダーバーグ会議には触れてはいけないのかもしれない。

【冷血エリートの秘密組織】スカル・アンド・ボーンズ

■人種差別をもとにした秘密組織

インターネットで「世界の支配者」と検索をかけてみてほしい。すると、**ロスチャイルドやロックフェラーといった名前がヒットする**はずだ。

どちらも世界の大企業を傘下に置く巨大財閥であり、世界を牛耳る闇の権力者であると説明されているものが多い。

だが、アメリカには彼らをも支配する闇の権力者がいるという。それこそが、クロスした2本の大腿骨とその上に置かれた頭蓋骨、そして「322」の文字というエンブレムを持つもっとも邪悪な組織、**スカル・アンド・ボーンズ**である。

スカル・アンド・ボーンズのメンバーたち

スカル・アンド・ボーンズは19世紀にアメリカのコネチカット州にある**イェール大学で結成された秘密結社**で、アメリカ政財界に巨大なネットワークを構築している組織である。

この組織の出身者はアメリカの政界、メジャー企業、有名大学、CIA（アメリカ中央情報局）などで大きな影響を与えてきた。

そして現在でも一部の例外を除いてWASP（白人・アングロサクソン・プロテスタント）だけが入会できることになっていて、**根底には強烈な人種差別主義**がある。

創設から現在までのメンバーは約3000人で、存命しているのは800人といわれる。その中には世界の誰もが知る人物も名を連ねている。

たとえば、第43代アメリカ大統領のジョージ・W・ブッシュ、そしてその父と祖父、2004年の大統領選に出馬したジョン・ケリーも出身者であることが判明している。

スカルアンドボーンズの集会所「The tomb(墓、霊廟の意味)」

■入会できるのは冷血なエリートのみ

スカル・アンド・ボーンズは年間の入会者が15名と決められており、選考基準はアメリカの**由緒正しい名家の子息でエリート**であること、そして選ばれない者にはいささかの感情も持たない**真の冷血性を持った人間**であることが条件である。

キャンパスで肩を叩かれ、この通称〝ドクロ団〟に入らないかと勧誘されれば、末は有名大学の学長か大統領か……。とにかく、将来の心配は一切なくなるといわれている。

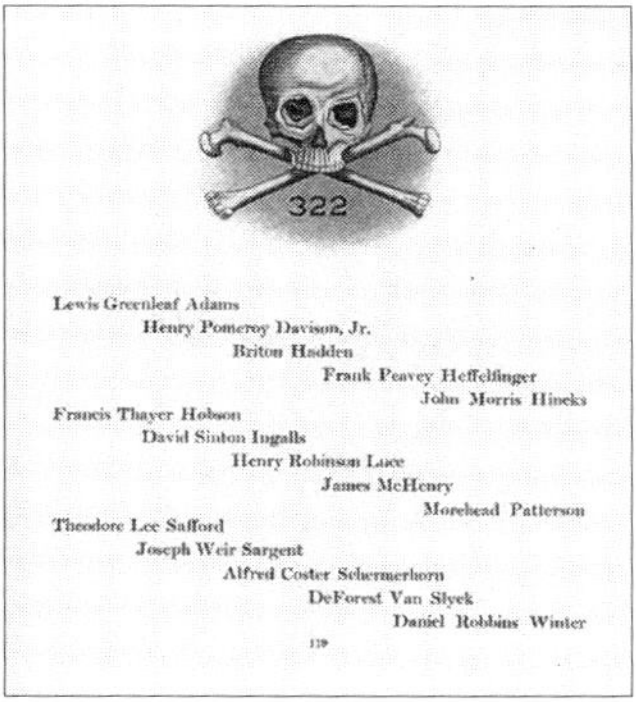
322

Lewis Greenleaf Adams
Henry Pomeroy Davison, Jr.
Briton Hadden
Frank Peavey Heffelfinger
John Morris Hincks
Francis Thayer Hobson
David Sinton Ingalls
Henry Robinson Luce
James McHenry
Morehead Patterson
Theodore Lee Safford
Joseph Weir Sargent
Alfred Coster Schermerhorn
DeForest Van Slyck
Daniel Robbins Winter

119

【左】設立者のウィリアム・ハンチントン・ラッセル【右】スカル・アンド・ボーンズのシンボルマークが入った書類。1920年の代表メンバーの名前が書かれている

なぜなら、このスカル・アンド・ボーンズの出身者こそ、20世紀の世界を操作してきたといっても過言ではないのだ。

■目的は新世界の秩序をつくること

スカル・アンド・ボーンズを創設したのは、麻薬貿易会社ラッセル社の一族であるウィリアム・ハンチントン・ラッセルである。

ラッセルは1831～1832年にドイツに留学し、そこでヘーゲル哲学に出会った。

「世界が安定すれば破壊して新しい秩序を創造する。創造には破壊が必要だ」

ラッセルは、ヘーゲル哲学を通じてこのような理論を導き出した。そして、伝説の秘密

結社イルミナティに感銘を受け、それを模してイェール大学で学生による秘密組織を立ち上げたのだ。

シンボルマークの「322」の文字は、ドイツの秘密結社の第322番支部を意味しているともいわれている。

組織の初期の会員は17世紀にアメリカに移住したピューリタンの末裔《まつえい》、つまり英国の貴族らだった。次に、18～19世紀に莫大な富を手にした財閥の子息が加わっている。ラッセル自身も名門一族の出身だが、その富は麻薬取引と奴隷貿易で手にした、いわば〝**黒い貴族**〟だったのだ。

ラッセルの仲間たちは互いに協力し合いながら、アメリカの政財界や教育界にメンバーを引き上げ、権力の座をスカル・アンド・ボーンズのOBで固めてきた。

なぜなら、彼らの最大の目的が世界秩序の再編であり、世界統一政府の実現にあるからだ。そのためには、世界大戦はもちろん凶悪なテロリストを操ることさえいとわない。

世界を彼らの理想とする民主主義に塗り固めるためのシナリオは着々と実現されているのだ。

【キリストの血脈を守る】シオン修道会

■有名人が数多く所属した組織

ダン・ブラウンの小説『ダ・ヴィンチ・コード』の大ヒットによってその名を広く知られるようになった**シオン修道会**。会が成立したのは遥か昔の１０９９年にまでさかのぼる。

フランス国立図書館に保管された「秘密文書」という名の文書には歴代総長の名前が記されているが、この顔ぶれがすごい。

ダ・ヴィンチ、ニュートン、ドビュッシー、ジャン・コクトーなど、あらゆる分野の有名人が名を連ねているのだ。

ダ・ヴィンチ画「最後の晩餐」で中央のキリストの左隣に描かれているのは、一般的には使徒ヨハネと言われているが、じつはマグダラのマリアだという説もある

だが、メンバーは**会員であることも活動内容も、絶対に口にしてはいけなかった。**

じつは、この組織は歴史やキリスト教の教えを根底からひっくり返してしまうほど、大きな秘密を抱えていたのである。

■キリスト教にとって都合の悪い秘密

シオン修道会が守っていたのは財宝などではない。もっと世間に衝撃を与えるものだ――、それは**キリストの血筋**だ。

キリストは弟子だったマグダラのマリアと夫婦関係にあり、子供までいた。しかも、マリアはキリストの遺骨を持っていたともいわれている。

キリストは独身を貫いたとか、復活したあとは天に昇ったので遺体は存在しないと教える教会にしてみれば、これは見逃すことのできないスキャンダルである。子供の存在がばれたら母子ともども消されてしまうことは疑いのないことだった。

それを恐れたシオン修道会は親子をかくまった。親子の安全を考えれば、自分たちの存在も隠し通さなければならなかったのだ。

そうして**キリストの血筋は守り続けられ、やがてその子孫がフランスのメロヴィング朝を開いた**といわれている。

歴史の教科書ではメロヴィング朝は7世紀に滅んだことになっている。しかし、シオン修道会によれば、子供だけはこっそりと救出されて現代にまでその血筋が受け継がれているという。

それがシオン修道会27代目総長だったピエール・プランタールである。

■いまだ残る秘密文書の謎

ところが、現在ではシオン修道会の存在自体を疑う声が多い。

【左】羊皮紙が入っていたという石柱の前に立つソニエール司祭
【右】レンヌ＝ル＝シャトーにはマグダラのマリア教会がある（©Andy Hay）

というのも、みずからをメロヴィング朝の子孫だと名乗り、総長の座まで務めたプランタールが、秘密文書は仲間たちとでっち上げた偽物だと告白したのだ。

ただ、シオン修道会がまったく架空の存在だったとも言い切れない**謎めいた事件が起きている**。

あるとき、1人の男が頭部を切断されて殺された。彼はレオ・シドロフという人物の鞄を運んでいたはずなのだが、鞄は見つからなかった。

秘密文書にはこの一件が「レオ・シドロフの革鞄」として記されている。

記述によれば、鞄には1600〜1800年にかけてのレンヌ＝ル＝シャトーに関する重要文書が入っていたそうだ。

レンヌ＝ル＝シャトーとは南仏の村のことで、シオン修道会と深い関わりがある。この村のソニエール司祭が教会の修復をしたとき、**柱の中からキリストの血筋が生き残っていることを示した文書を発見した**と伝えられているのだ。

「レオ・シドロフの革鞄」には、新聞記事だけでは知り得ないほど殺人事件の内容が詳しく書かれていた。**身近な関係者でなければ入手できないような情報が満載**なのだ。

それに加えて、シドロフの死後、彼の娘のもとには父親が何か文書を残していないかという問い合わせも多くあったという。

はたして、シドロフはシオン修道会についての重要な情報を握っていたのか。彼の鞄に入っていた文書が誰かの手に渡ることを恐れた人物、あるいは組織が運び屋を抹殺して鞄を持ち去ったのだろうか。

こうした一連の不可解な出来事は、シオン修道会が存在しなければ説明がつかないともいえるのである。

【今も生きる魔術結社の先がけ】黄金の夜明け団

■ロンドンで生まれた魔法団

現代は、神と同じかそれ以上に科学を信じている人にあふれている。

そんな時代に、魔術を実践して継承するための組織があるなどというと、単なるオカルト趣味だと思われるのがオチだろう。だが、**魔術は現代社会に生きている**。

中世から19世紀後半にかけてのヨーロッパでは、自称魔術師や霊視者の存在がめずらしいものではなく、魔術結社も少なからず組織されていた。

そのひとつが、**現代の魔術結社の原型といわれる黄金の夜明け団**である。

黄金の夜明け団は、1888年3月1日にロンドンで結成されたとされている。創設メンバーは4人で、そのうち3人は高等魔術を研究していた英国薔薇十字団の会員だった。

始まりは、**英国薔薇十字団**の会員の1人、ウィリアム・ウィン・ウェスコットが、牧師のA・F・A・ウッドフォードからある文書を手渡されたことがきっかけだった。

その文書は60枚におよび、暗号とそれを書いたとされるドイツ人女性の手紙が添えられていた。

ドイツ人女性は魔術結社の幹部を名乗っており、彼女とウェスコットが何度も手紙をやりとりして、イギリスに魔術結社を設立することが許可された。

それが黄金の夜明け団の設立経緯であるとされている。

■ひそかに行われた「イニシエーション」

設立当初の黄金の夜明け団は、魔術儀式を行うというよりも、オカルティックな伝説に魅了された人々の**社交クラブのような組織**だったという。

初期の団員には哲学者や神秘思想研究家、弁護士などのほか、ノーベル賞作家の

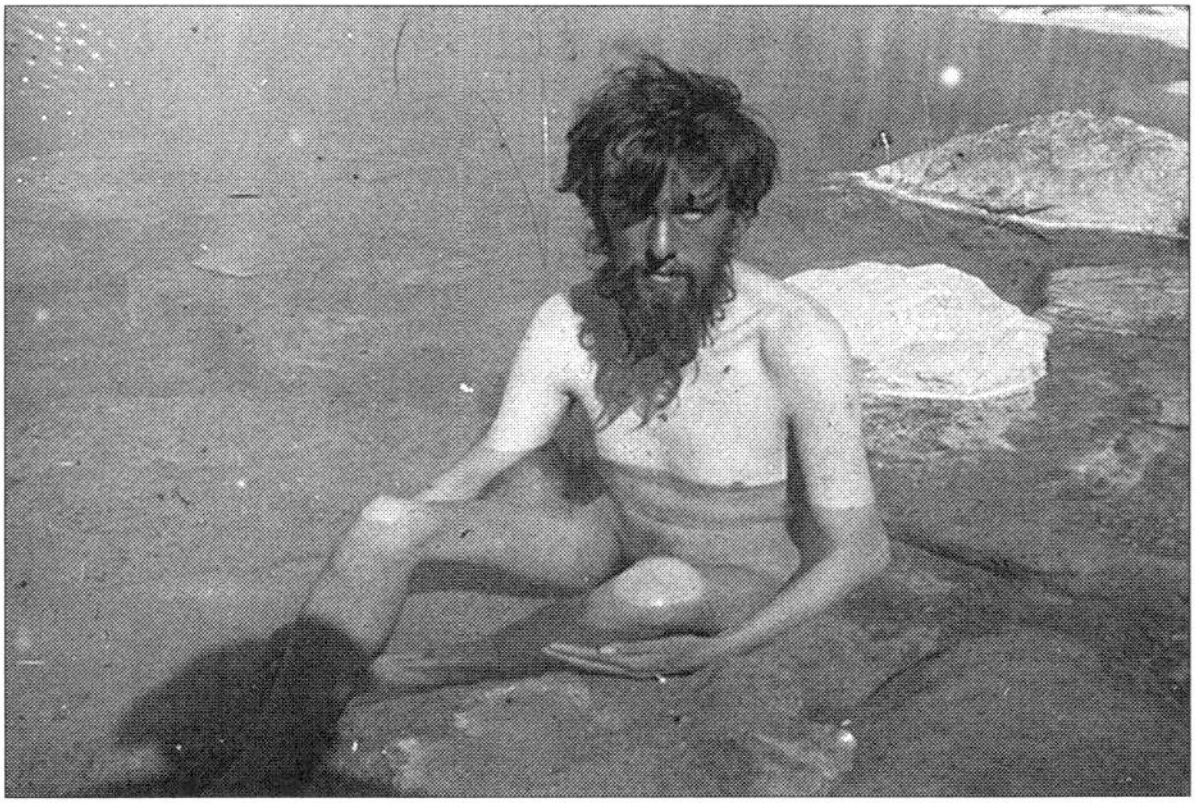

魔術師と称されたアレイスター・クロウリーも「黄金の夜明け団」に属していた

イェイツもいた。そして、1890年代には団は英国社会に根づき、団員は100名を超えるまでになったのだ。

だが、1891年に創設メンバーの1人であるメイザースが団を大改革する。

その世界では今でも伝説になっている**イニシエーション（通過儀礼）を考案**し、階位制度をつくるなどして本格的な魔術結社に変貌させたのだ。

また、1898年には「古き神々の蘇生法」なる魔術を研究し、ケルトの神々や古代エジプト神話の**女神イシスを蘇生させる魔術**にのめりこんだ。

そんなオカルトにはまり込んだ団員は、メイザースいわく、品行方正で社会的地

【左】「イニシエーション」を考案したマクレガー・メイザース
【右】エジプトの女神イシス。死者を復活させる力を持つと考えられている

位や知的水準において最高位に属する人々だったという。

■詐欺師の犯罪により内部崩壊する

だが1901年、メイザースのもとにホロス夫妻という怪しげなカップルが現れた。

メイザースは団員のことを品行方正で社会的地位が高いなどと語っていたが、自身は無職で、妻の友人に金銭的援助を受けながらパリに暮らしていた。

だが、援助が途絶えて金策に苦しむようになると、「イシス儀礼」といわれる儀式を劇場で公開するなどして金を得るような生活を送っていたのだ。そんなときに紹介状を持って彼の前に現れたのがホロス夫妻だった。

この夫妻は詐欺師であり、メイザースをだまして団の秘密文書を手に入れると、南アフリカで偽オカルト団体を開業して荒稼ぎした。

さらにロンドンに戻ってインチキな霊媒商売をしていたが、少女への強姦や窃盗の罪でホロス夫妻は逮捕される。

この詐欺師にして性的倒錯者の夫婦が、逮捕時に自分たちは黄金の夜明け団の首領であると名乗ったため、団は一大スキャンダルに巻き込まれることになったのだ。

これによって**団は内部崩壊した**が、魔術結社が絶えてしまったわけではない。

1970~80年代のアメリカ西海岸で黄金の夜明け団の流れを汲んだ魔術結社が次々と復活した。表向きにはわからないが、アメリカは現在も世界最大の魔術結社大国として君臨しているのである。

【苦行を奨励する宗教団体】オプス・デイ

■創設者はキリスト教界のエリート

キリスト教のローマ・カトリック教会のひとつであるオプス・デイは、その会員数が世界80カ国以上、約9万2000人いるとされている。

ラテン語で「神の業」を意味するオプス・デイは、1928年、スペインのホセマリア・エスクリバーによって創設された。

そして1947年にはローマ教皇の認可を受け、スペイン国外にも広まっていった。

エスクリバーは2002年にバチカンで列聖（信仰の模範となる者に対し、聖人の地位を授けること）されたが、死後30年足らずで列聖されるのは異例のことであった。

オプス・デイでは「聖性に達するための最高の秘訣は、唯一の模範である優しいイエス・キリストにどんどん似てゆくことである」と教えており、**さらに苦行をすることが奨励されている。**

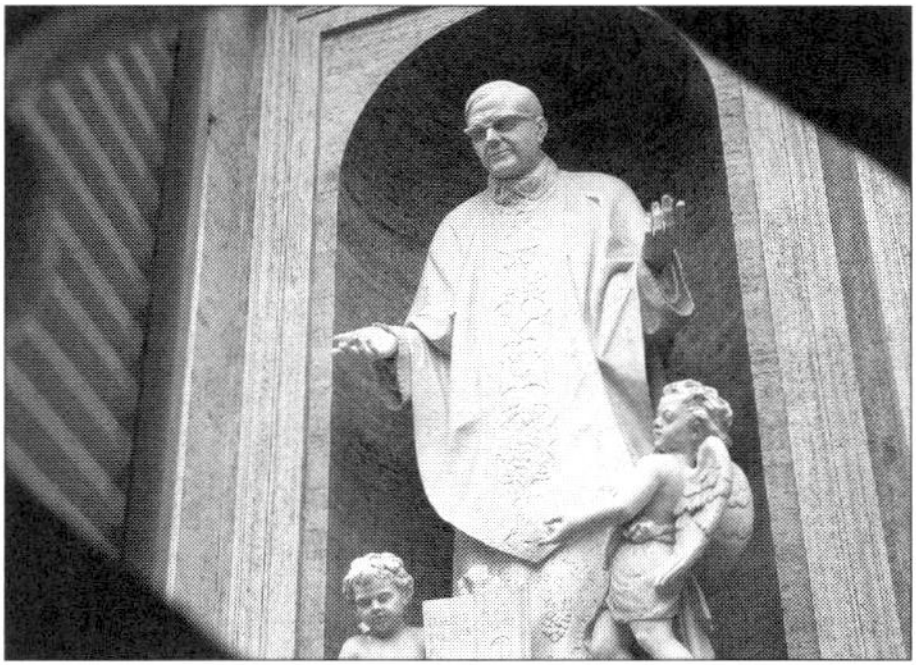
バチカンには聖人となったエスクリバーの像がある（©Bolando）

これは「十字架によってすべての人が天国に行く道を開いたイエスに倣おう」という考えの下で行われているもので、独身者だけが行うことを許されている。

■カルト教団として認知される

彼らが行う苦行にはシリスという鋭いトゲだらけのベルトを太ももに装着し、痛みに耐えるというものがある。

ただし、『オプス・デイ　カトリックの新しい動き』（白水社）には、苦行の実態についてこう

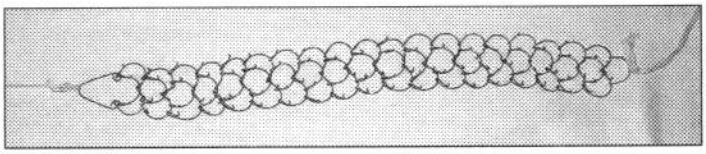

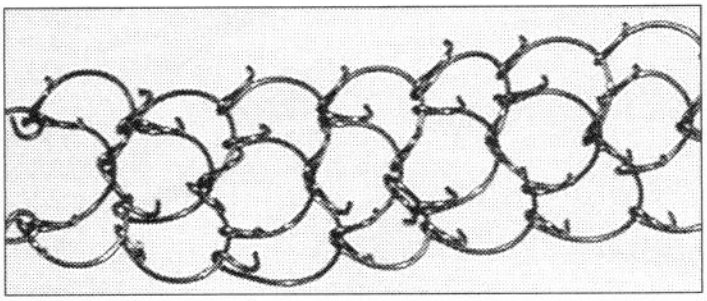

【左】ベルナルド・ダッディ画「キリスト磔刑」。オプス・デイでは、キリストが受けた苦難を我が身にも受けるために、苦行を奨励する
【上】苦行に使われた「シリス」と呼ばれるトゲつきのベルト(上:©Taragui/下:©Cerato)

記されている。

自分の背中をムチで打ち据えるという習慣もあるが、基本的にはひもを編んだ縄を使い、みずから加減して叩くので体に傷跡は残らない。苦行の時間も1日2時間までと定められており、拷問のようなことが行われているわけではない。

だが現在、オプス・デイはカルト的な扱いを受けている。他の宗教でも厳しい苦行が奨励されているのにオプス・デイだけが異端視されているのは、**戒律に厳しく他の宗派との違いが際立っている**からだ。

そして「オプス・デイ=カルト集団」という印象が決定的に根づいたのが、ダン・ブラウン原作の映画『ダ・ヴィンチ・コード』での描写である。

この作品において、オプス・デイは狂信的なカルト教団として描かれており、苦行のシーンも誇張されている。

映画が公開されるときも、オプス・デイ側が「この作品はフィクションであるというただし書きを入れてほしい」と配給会社に再三要求するほどだった。

オプス・デイ信者の巡礼地であるトレシウダ大聖堂（©Jordiferrer）

また、同作品でオプス・デイがこのような扱いを受けているのは、原作者のダン・ブラウンがキリストを有史以来初の男女同権論者とみなしていたからという説もある。
オプス・デイは厳密な男性優位主義を貫いているが、それゆえにダン・ブラウンにより、悪役として書かれたという向きもあるが、真偽のほどは定かではない。

■現在も続く勧誘活動

このように、何かと話題になりやすいオプス・

デイだが、必ずしも狂信的なカルト集団ではないとは言い切れない面もある。なぜなら、彼らは苦行以外に、カルト集団と疑われてもしかたないような行為をいくつも繰り返しているからだ。

そのひとつが信者による大学生への強引な勧誘行為で、最初はサークルへの参加と称してセミナーに誘い、司祭による霊的な指導を何度も受けさせる。そして頃合いを見計らい、学生に入会を迫っているのだという。

出家した信者は集団生活を送り始め、家には帰らなくなる。彼らの多くは一般社会で働いているが、その収入のほとんどを教団に捧げているという。

彼らはやがて教団の組織運営に専念するようになり、世界各地に派遣されて布教に携わっていく。

オプス・デイ側はこれまで、自分たちがカルト集団であることを真っ向から否定してきた。だが、**極端な秘密主義をとっているのも事実**で、彼らが裏で何を行っているのか、その全貌を知ることは容易ではない。

【ガザ地区の地下トンネルを支配する】
ハマス

■イスラエルの地下に無数にある穴

砲弾で壁が穴だらけになり、廃墟と化した建物のドアを開けると中にはうす暗い部屋がある。

床には**人がやっと1人降りられるくらいの不気味な穴**がぽっかりと口を開けており、中をのぞき込んでもいっこうに底は見えない。聞けば、地中深く何メートルも掘り下げられているという。

穴はまるで枯れた井戸のようにも、あるいは粗末な石油の採掘場にも見える。

しかし実際は、中東イスラエルの地下に無数に掘られ、密輸組織やガザを牛耳る一派によって人や物資が秘密裏に運ばれている**地下トンネルの入口**のひとつなのだ。

■解決できないパレスチナ問題

1948年のイスラエルの独立宣言後、4度にわたる周辺のアラブ諸国との中東戦争を経ても、パレスチナ問題はいまだ解決の糸口すら見出すことができない。

その悲劇の象徴ともいえる場所がイスラエルの南西、地中海に面する**ガザ地区**だ。東京23区の半分ほどの広さのガザにはおよそ150万人ものアラブ系パレスチナ人が暮らしている。人口密集度は世界一だ。

ところが、そのうち100万人以上が中東戦争で被災して逃げ込んできた難民で家を持たず、難民キャンプで食うや食わずの暮らしを強いられているのである。

ユダヤ人国家の中にあるアラブ人居住区で、このガザ一帯はイスラエルにとって異端ともいえるのだ。虐げられるのはいうまでもない。

そんなガザでは、イスラム原理主義を掲げる**武闘派組織ハマス**が台頭し、イスラエルに向けてロケット弾による攻撃を繰り返すようになった。イスラエル側もこの報復

地下トンネルを使って羊をガザ地区へ密輸するパレスチナ人(写真提供:AFP＝時事)

としてガザへの空爆による虐殺を行い、両者の対立はさらに深まったのである。

イスラエルはガザ地区をぐるりと取り囲む高い壁を築き、数ヵ所の検問所を除いて完全に封鎖してしまう。

物資や人の出入りは制限され、地元の人々から**「天井のない監獄」**と呼ばれるガザの異常な状況はこうして生まれたのだ。

■秘密トンネルを使った密輸は命がけ

ガザはいつ終わるともしれないイスラエルからの攻撃で荒れ果てた。

ところが、陸の孤島ともいえるこの場所と外界とをつなぐ秘密のルートが存在する。

草木で偽装されたトンネルの入口（©Israel Defense Forces）

それが冒頭の地下トンネルなのである。

ハシゴを使って縦穴をようやく降り切ると、今度はまっすぐに伸びる横穴に行き着く。数百本はあるこうしたトンネルはガザの南、エジプトとの国境のフェンスをくぐるように延び、長いものでは1キロメートル近くにもなる。

武器や物資の入った袋を引きずり、ときには家畜を抱え、密輸組織の運び屋は命がけでエジプトとガザを行き来してきた。

ハマスがイスラエルに撃ち込んだロケット弾もこのトンネルを使って運ばれたものだといわれているのだ。

密輸とはいえ、トンネルを使った物資の運搬は地元の人々にとっては立派な仕事である。組織には多くの〝従業員〟が所属していて、幼い子供たちに荷を運ばせているという話もある。

トンネル内の電源は確保されているためかろうじて明かりこそ灯るが、その多くは人が這《は》って進まなければならないほど狭い。空気はよどみ、岩壁がむき出しの手製のトンネルはもはや洞窟といったほうがふさわしい。

さらに地上では、イスラエルによる空爆が繰り返されているのだから、地響きとともに天井が崩れ、運び屋はいつ生き埋めになってもおかしくはない。密輸組織にとっては**死と隣り合わせの仕事**なのだ。

■ガザの人々のライフラインとなる

それでも、ガザの人々が物資を手に入れ、命をつなぐには密輸組織と地下トンネルに頼るしかない。

1980年代初頭から武器の密輸に使われ始めたという地下トンネルは、ガザ地区の地下で無数に枝分かれして、今では**ガザ市民を支えるライフライン**となっている。

食料や医薬品、衣料品や日用品ばかりかiPodなどの電化製品、法外な料金を支払えばエジプトにあるファストフード店のフライドチキンさえオーダー可能だ。このトンネルを通ってエジプトから花嫁がやってきたというニュースが報じられたこともある。

そうはいっても違法のトンネルである。自由に国境を行き来する裏には黒い噂が絶えない。これらのトンネルの多くがハマスの支配下にあり、トンネルを行き来するためには通行料を支払わなければならないという。それがハマスが武器を買い求める資金源になっている可能性は否めない。

また、エジプト側の出入口が長年塞がれてこなかったこともおかしな話である。じつは、エジプトのモルシ前大統領が属していたイスラム組織がハマスの母体であることから、エジプト政府は長年密輸組織を黙認してきたという話もあるほどだ。

■イスラエルとのいたちごっこ

地下トンネルがここまで堂々と使われるようになった現状をイスラエルが黙って見過ごすはずはない。

イスラエルはこの地下トンネルがハマスへの武器密輸ルートであるとして徹底的

【左】イスラエル軍が地下トンネルを発見したところ
【上】イスラエル軍に発見されたトンネルは、このように爆破等によって無効化される
（ともに©Israel Defense Forces）

に捜索を行い、エジプト側の出口に地中深くにまで**鋼鉄製の遮断壁を埋め込んだ**のだ。こうしてトンネルは次々と塞がれたのだ。ただし、今あるトンネルがどれだけ破壊されたところでまた別の場所に新たなトンネルが掘られ、イスラエルと密輸組織とのいたちごっこが続くのは目に見えている。

　実際に２０１３年10月にはこれまでのエジプトではなく、ガザからイスラエルに延びる１・７キロメートルもの地下トンネルが発見されている。

　パレスチナをめぐる問題が解決しない限り地下トンネルは無数に掘り続けられ、それが新たな憎しみの火種となってしまうのだ。

【暴力で差別と戦う】ブラック・パンサー党

■全身黒ずくめの黒人集団

同じ衣装を身につけた集団というのは、時には人に大きな威圧感を与えるものだ。

黒いベレー帽、上下黒のレザーの服、頭は揃ってアフロヘア、さらにショットガンを携行している黒人集団となると、それだけで恐怖を感じる人も少なくないだろう。

彼らはそのいでたちから、ある人々には不気味な恐怖を与えたが、その一方で別の人々には希望の象徴でもあった。

黒ずくめの彼らは、**ブラック・パンサー党**のメンバーである。

ブラック・パンサー党は１９６０年代後半に結成され、70年代にかけて黒人の解放

新ブラック・パンサーのメンバー。中央がリーダーの「クワネルX」(©Bob Price)

闘争を繰り返した急進的な政治組織だ。誕生したのはアメリカのカリフォルニア州オークランドである。

黒人解放を目指して公民権運動を展開していたマルコムXが暗殺されたのは1965年だが、ブラック・パンサー党の誕生はその翌年だった。

彼らは、いったい何を目指して全身を黒い衣装で固めたのだろうか。

■暴力をふるってでも黒人を守る

ブラック・パンサー党を結成したのは、「革命的行動運動」という公民権運動団体に所属していたニュートンとボビー・シールという若者だった。

かなり急進的かつ戦闘的だった彼らは、新しい組織をつくり、黒人差別に対して敢然と力で立ち向かうことを決意した。

結成時には**「十項目の綱領」**がつくられたが、そこにはたとえば、

・我々は黒人および抑圧されたコミュニティの運命を決定づける力を欲する
・我々は居住するに値する最低限の住宅を欲する
・我々は真実の歴史と今日のアメリカ社会の真実を暴露する教育を求める
・我々はすべての黒人と、抑圧された人民の完全な健康を求める

など、黒人に人間としての最低限の人権と尊厳を求めることが謳われていた。

結成の直接のきっかけは、貧しい黒人たちが住むゲットーを横暴な白人警官の非合法な暴力から守ることだった。

当時、黒人差別や虐待は当たり前のように行われていた。それは社会を守るはずの警官も同じだった。何か犯罪が起こると、何の証拠もなしに黒人であるというだけの

【上】ブラックパンサー団の初期メンバー（「Marcists Internet Archive」より引用）
【左】ブラックパンサー団創設者のひとり、ボビー・シール（©Risa Staszewski）

理由で逮捕し、暴力をふるった。

彼らは、**黒人たちを痛めつける警官たちに立ち向かい、暴力に対しては暴力で抵抗**した。そのために彼らは、常に銃と法律書を持って行動していたといわれる。

そんな彼らの黒ずくめの衣装とショットガンは、白人社会から見れば自分たちへの憎悪の表現であり、いつ、どんな理由で、恐ろしい危害を加えられるかわからない悪辣《あくらつ》なギャング集団のように受けとめる人がほとんどだった。

その一方で彼らは、貧しい黒人家庭には無料で朝食を配布したり、治療費が不要の病院を建設するなどの活動を行っている。**黒人にとっては、確かに希望だった**のだ。

当初は400人程度だった党員も1968年

には約5000人にふくれ上がり、全米に40もの支部が置かれた。

白人社会はブラック・パンサー党という脅威にますます震え上がったのである。

■徹底的に弾圧される

そんななか、1967年4月、ただ買い物をしていただけの17歳の党員が警官に襲われて射殺された。彼は活動中ではなかったので武器などは携行していなかった。それを示すために全裸にさえなった。それでも警官は容赦しなかったのだ。

そのような動きに加えて、FBIも黙っていなかった。

1969年に、党の議長だったシール以下6人が逮捕されたのをきっかけに党員への攻撃が始まった。

まず、イリノイ州で地元議長がFBIと警官に射殺された。

1970年になると、ニューヨークで警官殺害およびビル爆破を計画したとして党員21人が逮捕、コネティカット州でも殺人事件の容疑者として党員8人が逮捕された。

また同年、ニューヨークでは党員と警官の銃撃戦が起こり、党員1人と警官2人が

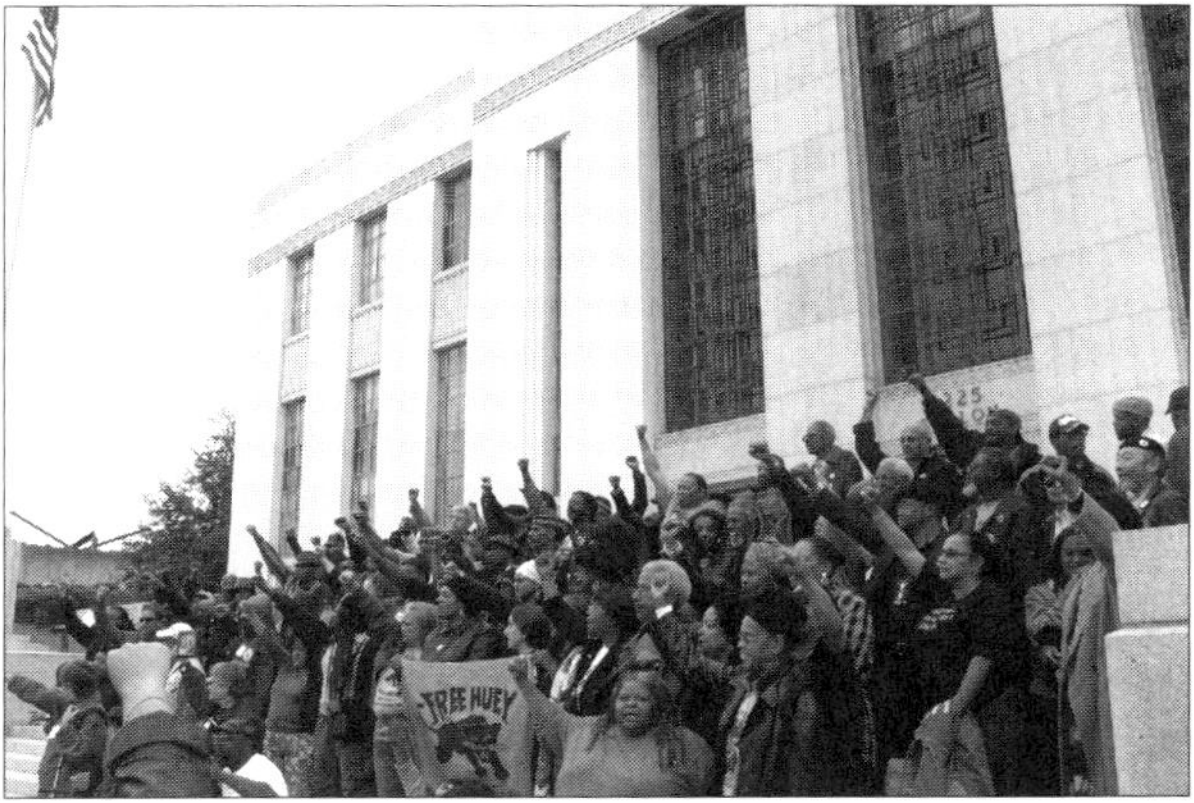

2006年、ブラック・パンサー誕生40周年で集まった人々（©Talkabout）

死亡している。デトロイトでも同じような銃撃戦が起こった。

白人社会にとって悪の権化でしかないブラック・パンサー党に対し、ニクソン大統領は徹底的に弾圧を加えたのである。

党内の一部の急進派は、それに対して銃撃戦や爆弾事件を起こして抵抗を続けた。しかし、組織としては弱体化していき、70年代半ばには、地域社会での奉仕活動のみを残して有名無実化してしまったのだ。

■根強く残る黒人差別

その後時代は大きく動き、表向きはアメリカ社会から黒人差別がなくなっていった。

その流れの中で、いつしかブラック・パンサー党の存在は忘れられていくのである。ただ、1989年に**「新ブラック・パンサー党」**なるものが結成された。

表面上、あるいは制度上は、アメリカには黒人差別がないということになっているが、現実には人種差別が完全になくなったわけではない。今も差別意識を持つアメリカ人は少なからず存在するし、ヘイトクライムは頻発している。

ヘイトクライムとは、特定の人種や民族、あるいは特定の宗教を信じる人々、性的嗜好を持つ人々に対して抱かれる偏見や憎悪が理由になって引き起こされる犯罪のことだ。

黒人や同性愛者の無差別殺人が頻発するアメリカで生まれた言葉だが、このような言葉が生まれ、社会問題になるということ自体が、アメリカ社会にいまだに根強い差別意識が存在していることの証拠である。

有色人種として初めてアメリカ大統領に選ばれたオバマ大統領は、2013年の夏に**「黒人への不平等は残存している」**と演説した。それがアメリカの現実である。

そんななかで新たに生まれた新ブラック・パンサー党はまだ目立った動きはしていないが、この先どのような社会的脅威になっていくのか、まったく未知である。

【ナチス親衛隊を逃亡させた】オデッサ

■元ＳＳを逃亡させる組織

第二次世界大戦はヨーロッパ中を巻き込んだ大きな戦争だったが、これを引き起こしたのはナチスである。彼らは破壊や略奪、そして弾圧や虐殺を繰り返した。

こうしたナチスの中でも大きな権力を持っていたのが**ナチス親衛隊**（**ＳＳ**）だ。親衛隊はユダヤ人を集めた強制収容所の管理にも深く関わっていたため、戦後は多くの隊員が捕らえられている。しかし、数々の残虐行為に加わり、戦犯として名指しされていたにもかかわらず、追及の手を逃れた隊員も少なくない。彼らは忽然《こつぜん》と姿を消してしまったのだ。

ナチス親衛隊（©Deutsches Bundesarchiv）

もちろん、連合軍は大々的な捜索を行っていた。そんななかで、どうやって彼らは包囲網を突破することができたのだろうか。

じつは、**蜘蛛《くも》、友愛団、オデッサなど、ナチスのメンバーの逃亡を援助する地下組織がいくつも存在**していたのだ。

オデッサとは「元SS隊員の組織」というドイツ語の略で、親衛隊員によって組織されていた。そして、このオデッサこそ最大規模の逃走機関だったといわれているのである。

■南米へとつながる逃亡ルート

第二次世界大戦も末期になると、親衛隊

の幹部たちはドイツ軍の敗北は確実だとみていた。連合軍に捕まれば重い刑罰が待っていることは明らかだ。そこで、我が身の安全を確保しようと逃亡計画を開始したのである。

オデッサは多数の仲間を国外へ脱出させた。イタリアやオーストリアを通って南米に向かう秘密ルートは**「ラットライン」**と呼ばれていて、**南米に逃れた者は約9000人にのぼる**と伝えられている。そのなかには、幾多のユダヤ人を強制収容所や絶滅収容所へと送り込んだアイヒマンや、アウシュヴィッツの収容所で人体実験を行っていた医師メンゲレのような大物戦犯も含まれていた。

そんなオデッサのリーダーは、親衛隊の幹部だったオットー・スコルツェニーではないかと見られている。彼自身もスペインに脱出しており、そこを拠点にしてのちのちまで仲間の逃亡生活を支援していた。

さらに、意外なところにもナチス残党の支援者がいた。関与が疑われているのはバチカンである。アロイス・フーダルという司教が東欧から逃れてきた難民にナチスを紛れ込ませ、南米に渡るビザを渡していたという説が有力だ。

このようにさまざまな援助があって、戦犯たちは逃げ延びたのである。

その後、オデッサはＳＳ同志会という組織に姿を変えたという。しかも、世界中にネットワークを持つこの組織には、武器や麻薬の密輸などに関わっているという黒い噂も絶えないのである。

■今も続くナチスへの追及

ところで、近年はオデッサという組織は存在しなかったという説もある。巨大なひとつの組織があったわけではなく、複数の小さな組織が協力していたというのだ。

ただ、フレデリック・フォーサイスの小説のタイトルにもなっている**「オデッサ・ファイル」**は実在した。これは逃亡したメンバーの一覧が記されていたリストだ。逃亡ルートだったというラットラインの存在も確実視されている。どんな組織が関わっていたにせよ、罰を受けずに生き延びた戦犯がいたことは事実だ。

ちなみに、２０１２年にはハンガリーに潜んでいたチャタリー・ラズロが逮捕された。生きているナチス戦犯の中で最後の大物の１人といわれたラズロは97歳になっていた。戦後70年近くがたった今でも、ナチスの残党狩りは続いているのである。

【第五章】
国が率いる秘密の組織

【凶悪組織を監視し治安を守る】

公安警察

■工作員は家族にも身分を明かさない

公共の安全を守り、秩序を維持する役割を担う**公安警察**は、テロリストや海外のスパイ、左翼・右翼団体、宗教団体など、**国家をおびやかす集団に対する捜査と情報収集を行っている**。

その任務内容から、昔からエリートが多く集まる機関といわれている。

歴代の警察庁長官でも、その約半分は公安の司令塔にあたる警察庁警備局長を歴任している。のちに政治家となった後藤田正晴も、警備局長を経て警察庁長官となっている。

1951年、無電機で共産党の様子を探る公安警察（写真提供：毎日新聞社）

公安の仕事内容は非常に特殊で、なおかつ**絶対に漏らしてはいけない極秘情報を取り扱うことも多い**。そのため家族はもちろん、同業者にも仕事の内容を明らかにしないことがあるという。

刑事の仕事は事件が起きてから動き出すのがほとんどだが、公安の場合は国家に降りかかる恐れのある災いを未然に防がなければならない。

そのため、ときには**捜査対象組織への潜入捜査**が行われることもある。

■実際の仕事は地道な作業

たとえば大規模なデモが行われるときは、

公安警察官がデモ隊の一員になりすまし、参加者の素性をチェックする。

もしその団体が先鋭化していけば、国家にとって後々脅威となることもある。そのため、**〝危険の芽〟を早めに潰す**のだ。

また捜査対象者に近い人物の中から、情報を提供してくれそうな**〝協力者〟を見つける**のも、情報収集の手段のひとつである。

行きつけの飲み屋を調べ、偶然を装って隣に座る。そして仲を深めつつ、相手が協力者になれるかどうかを判断するのだ。

もし、その相手が協力者になる要素を兼ね備えていれば、家族の祝いやお見舞いを贈るなど、あの手この手で相手との親睦を深めていく。そして頃合いを見計らい、自分の素性を明かして、情報を提供するよう依頼するのだ。

ただし、いきなり重要情報を持ってこさせるのは無理があるので、まずは簡単なビラや機関誌などを持って来させる。そして慣れてきたところで、核心に迫るような重要情報を持ってこさせるという。

他にも危険人物を張り込んだり尾行したりすることもあるが、刑事が行うそれとは比べものにならないほど過酷である。

革マル派のデモの様子。公安警察はこのようなデモをチェックしている

ときには捜査対象者と同じアパートに住み、**秘撮（盗撮）や秘聴（盗聴）を行うこ**ともある。また、わざと警察を退職したうえで、一般人になり怪しげなバーやクラブで働き、捜査を続ける者までいる。

こうした地道な作業を繰り返すことで、彼らは日本の治安を守っているのだ。その手法は、東京での勤務経験があるＣＩＡやＫＧＢの工作員からも高く評価されているという。

■オウム真理教との終わらない戦い

公安の仕事は裏で行われることが多く、その存在が表立つことはほとんどない。だが、オウム真理教をめぐる一連の事件では、その存在が大きくクローズアップされた。

1994年に**松本サリン事件**が起きた際には、公安はオウムがサリンを製造しているかもしれないという情報を入手し、ひそかに内偵捜査を始めた。

だが、このことを長野県警には伝えず、その結果、第一発見者の会社員が犯人のレッテルを貼られてしまった。

また公安は信者を懐柔するだけでなく、何人かの捜査員を信者として送り込んでいる。教団施設の強制捜査が行われたとき、テレビ中継で信者としてテレビに映り込む同僚を見てびっくりする警察官もいたそうだ。

現在は「Aleph（アレフ）」と名を改めたオウム真理教だが、公安当局の捜査は今も続いている。

2013年、公安調査庁がアレフの拠点施設の立ち入り捜査を行ったが、このとき、**公安調査庁幹部の顔などを串刺しにした写真**が発見された。

世間的にはもはや過去の話かもしれないが、オウムと公安の対決は今も続いているのだ。

【世界最恐の諜報機関】モサド（イスラエル諜報特務部）

■爆発した車と人

1台のバイクが走行中の乗用車の背後から猛スピードで迫る。バイクは車のすぐ脇を走り抜け、追い抜きざまに車のドアに何かを取り付けた。

気がついた車の運転手がその〝何か〟に手を伸ばした瞬間、車は爆発、炎上。運転していた男性は黒焦げになって即死し、同乗の妻が重傷を負った――。

２０１０年11月、イランの首都テヘランで**映画さながらの爆殺事件**が起きた。事件には磁石で取り付ける特殊なタイプの爆発物が使われたという。

この暗殺計画を実行したと噂されるのが、アメリカのＣＩＡや旧ソ連のＫＧＢをしのぐとまでいわれる、**イスラエルの諜報機関モサド**である。

暗殺、破壊工作、誘拐……。モサドはこれまでに1万件以上の事件に関与してきたといわれる。彼らはイスラエルを、そしてユダヤ人を守るためにはみずからの手を血に染めることも辞さない最強、いや〝最恐〟の集団なのだ。

■ユダヤ人国家を守るために設立される

イスラエルは第二次世界大戦後の1948年に誕生したユダヤ人国家だ。

ところが、周辺にあるのはイスラム教国であるアラブ諸国である。民族や宗教のまったく異なるイスラエルの独立宣言はことごとく周囲の反感を買い、建国と同時におよそ**10億人ものアラブ人から一斉攻撃を受けるかのような危険な状況**を招いてしまった。

そこで、敵対する国々の動向を探り出し、迫りくる危機に備えるために緊張の続くイスラエルで組織されたのが、国外の諜報活動を担当するモサドだった。

モサドとは、ヘブライ語の「諜報及び特別工作機関」の略称である。工作員の数

この窓の外でリモコン爆弾が爆発した。このときに使われた爆弾は、周囲の建物の窓も吹き飛ばすほど強力なものだった（写真提供:AFP＝時事）

は1500〜2000人ともいわれ、世界中に張り巡らされたユダヤ人のネットワークを駆使して多くの情報を収集している。

そのモサドの名を一躍世に知らしめたのが、**アイヒマン逮捕**だ。

ユダヤ人国家の組織であるモサドには元ナチス戦犯の捜索という重要任務も課せられていた。その捜索対象の1人に、600万人のユダヤ人をガス室へ送ったナチスの指揮官、アドルフ・オットー・アイヒマンの名前があったのだ。

アイヒマンは第二次世界大戦終了後、偽名を使って南米のアルゼンチンで逃亡生活を送っていたが、モサドは執拗にその足取りを追い続け、1960年、ついに隠れ家を探し出したのである。アルゼンチンに乗り込んだモサドの精鋭部隊は、ものの数十秒で隠れていたアイヒマンを拘束し、本国に連行した。裁判の末、彼は絞首刑に処された。

■ユダヤ人国家を守るために設立される

しかし、モサドの活動は公になっているものばかりではない。名前にもあるように〝特別工作〟こそが彼らが恐れられる最たる理由といっていいだろう。

のちに映画の題材にもなった事件で、ミュンヘン・オリンピックの惨劇とその壮絶な報復戦である**「神の怒り作戦」**がその一つだ。

1972年、西ドイツ（現ドイツ）のミュンヘンで開催されていたオリンピックで、イスラエル選手団の宿舎が武装したテロリスト集団に襲われるという事件が起こる。犯人グループは逃げようとする選手とコーチの2人を至近距離から発砲して撃ち殺し、9人を人質にとったのである。

凶行に及んだのはパレスチナゲリラ組織「黒い九月」の面々で、彼らは人質の解放

「黒い九月」の襲撃によってイスラエル側には11人の犠牲者が出た。そして「神の怒り作戦」で死んだのも同じ11人だった(写真提供:dpa/時事通信フォト)

条件にイスラエルに捕らわれているメンバーの釈放を訴えたのである。

ところが、事件は最悪の結果で幕を閉じた。イスラエルは犯人の要求を突っぱねるも、頼みの綱の救出作戦は失敗する。**11人の人質全員が命を奪われ、平和の祭典であるはずのオリンピックは血に染まった**のだ。

目には目を――。悲しみに暮れるイスラエルは流された同胞の血の代償に犯人の血を求めた。

このとき、イスラエル政府は秘密裏に黒い九月のメンバーの暗殺をモサドに命じた。こうしてモサドの暗殺チームによる神の怒り作戦が動き出した。

イタリア、フランス、スペインと各地でターゲットを追い詰めるモサドのエージェントたちはまさに神出鬼没だった。そしてみずからの任務、つまりは暗殺を冷徹なまでに実行していったのである。

黒い九月のあるメンバーは数十発もの弾丸を全身に撃ち込まれ即死し、また自宅の電話や寝室のベッドに巧妙に仕掛けられた爆弾で全身を粉々にされたのだ。

この作戦は7年にわたって繰り広げられ、モサドは敵からの報復攻撃にも屈せず、ついに**テロ事件に関わったゲリラ組織の主要メンバー11人を皆殺しにした**のである。

イスラエル政府は現在もこの一連の暗殺をイスラエル、さらにはモサドが関与したものだと公式には認めていない。

しかし一連の事件では、まったく関係のない人物も含めて20人近い人々の命が奪われ、その背後にモサドの存在がささやかれているのは疑いのないことなのである。

■イランの核開発を阻止する

イスラエルの政治目的のためにモサドが関与したといわれる事件は枚挙にいとまが

ない。

冒頭の爆殺事件で殺されたのはイラン人科学者で、イランが進める核開発計画の責任者だった。

イランでは別の核科学者も同様の手口で狙われて重傷を負っているが、いずれもモサドが宿敵であるイランの核開発計画阻止を**〝もっとも効果的な方法〟**で行ったものと考えればつじつまが合う。

イスラム教国家であり、徹底して反米姿勢を貫くイランが核開発を進め、核兵器が現実のものになってしまうと、ユダヤ教国家で親米派のイスラエルはそのターゲットになる可能性が高いからだ。

イスラエルをめぐる中東の緊張状態が続く限り、諜報活動から暗殺という裏のミッションまで、モサドの仕事がなくなることはないだろう。今この瞬間にも、名もなきエージェントたちの新たな計画は動き出しているのかもしれない。

【世界中の情報を握る】NSA（アメリカ国家安全保障局）

■60年間以上、存在を伏せられていた組織

元CIA職員だったエドワード・スノーデンの告発により、世界中から注目を集めることになったのが**国家安全保障局（NSA）**だ。アメリカ国防総省に所属する諜報機関である。

アメリカの諜報機関といえばまずCIA（中央情報局）を思い浮かべるだろうが、じつはNSAの方がはるかに大きい。その規模は各国の諜報機関の中でも最大級だ。

同じ諜報機関といっても、CIAとNSAは役割がまったく違う。

CIAは人を使って諜報活動や秘密工作などを行う実動部隊で、**NSAの任務は電**

NSAの中心部にあたるといわれているナショナルセキュリティオペレーションセンターの様子。壁面のモニターで世界の出来事を見ることができる

子機器を利用して情報収集や分析、暗号解読などを行うことである。

1952年に創設されて以来、NSAの存在は何十年も伏せられてきた。そのため、NSAの名は「No Such Agency（そんな機関はない）」の略だというジョークがあるほどだ。

今でも正確な人員や予算、拠点などは明らかにされていない。そんな秘密のベールに包まれたNSAの内部情報をエドワード・スノーデンがスッパ抜いたのだ。

騒動の直前まで彼はコンサルティング会社の社員としてハワイのNSA支部で働いていた。そこで驚くべき事実を知ったのである。

スノーデンは告発の理由をこう語っている。

「アメリカ政府が行っているプライバシー侵害は重大な問題だ。だから、機密文書の存在を明らかにした」

NSAはハイテク技術を駆使して、**さまざまな個人情報を極秘に盗み取っていた**のだ。

■ネット上のあらゆる情報を集める

発足当初と現在ではNSAの目的は変わってきている。冷戦中だった初期には旧ソ連に関わる情報を集めることが主な任務だったのだ。しかし、アメリカ同時多発テロ以降、情報収集を行う目的はテロの防止に大きく転換した。

たしかにそれは重要な仕事だといえるのだが、そのやり方は完全にプライバシーを無視した監視活動といったほうが近い。

今回の騒動で**「PRISM（プリズム）」と呼ばれる極秘情報収集プログラム**の存在が明らかになった。これはEメールや動画、閲覧したサイトから音声まで、ネット上のあらゆる個人情報を集めるシステムだ。

プリズムは大型のネット中継基地のメイン回路に侵入し、一度に数十万台のパソコンの通信記録を入手できる。そうした情報をデータベース化している可能性もあるらしい。マイクロソフト、グーグル、フェイスブック、アップルなどIT大手の9企業が、プリズムの使用に協力していたことも判明している。さらに、メールをやり取りする個人的なアドレス帳の情報まで大量に集めていたともいわれる。

NSAは基本的に電話の盗聴はしておらず、ネットの情報収集もアメリカ国外に住む人を対象にしていると釈明したものの、多くのアメリカ国民はこれを信じていない。

■解析が追いつかないほど情報量が多い

また、**エシュロン**というシステムを使って世界規模での通信傍受も行っている。

エシュロンは世界中の電話やメール、ネット、衛星通信など、**あらゆる電子情報の傍受が可能だという高性能のシステム**である。

光ファイバーを使った通信だけはエシュロンでも追跡が難しいとされているが、そ

アメリカのバックリー空軍基地にあるエシュロン。青森県にある三沢基地にも、エシュロンに酷似した施設がある（©RekonDog）

の技術も少しずつ開発されてきているようだ。

ただし、情報量が多すぎて分析が追いつかないのも事実だ。とくに外国語は翻訳する必要があり、人材が足りないのである。アメリカ同時多発テロでは「明日、決行する」という情報を入手していたにもかかわらず、解析できたのはテロの翌日だった。

エシュロンはアメリカ、イギリス、カナダ、オーストラリア、ニュージーランドが中心となって運営しているため、もっとも重要な情報を入手できるのはこの5カ国だ。

日本も参加しているものの、知らされるのは重要度が低い情報だけなのである。

■各国に影響を与える

スノーデンの暴露はアメリカと友好関係にある国々にも波紋を広げた。

じつは2009年にロンドンで開かれたG20サミットでも、**各国高官の電話やメールがひそかに傍受されていたことが発覚**したのだ。**首謀者はNSAとイギリスの諜報機関**である。

このとき、オバマ大統領とロシアのメドベージェフ大統領は会談を行っている。その直後からNSAはメドベージェフ大統領の電話を盗聴し、イギリスやカナダなどと情報を共有していたそうだ。

当然のことながら、ターゲットにされた国々は反発をあらわにしている。

もっとも、友好国に対する情報収集はテロ対策というより、経済面での効果を狙ったものだといえるかもしれない。

友好関係にあっても貿易などでは利害関係が対立することもある。NSAは手に入れた情報をアメリカ企業に流して有効活用させていると見られているのである。

■日本の手の内は全部筒抜け？

そうはいってもNSAにまつわる出来事は海外の話で、われわれ日本人には関係がないと思っていないだろうか。

ところが、**日本もNSAのターゲットになっている**のである。日本が注目され始めたのは1990年代で、この頃から大量の外交情報が傍受されていた。

たとえば1995年に行われた日米自動車交渉では、橋本龍太郎通産相が東京とやり取りする電話がすべて盗聴され、アメリカ側の代表に報告されていたという。つまり、**交渉前から手の内をすっかり読まれていた**わけだ。

しかも、青森の三沢基地にはエシュロンの施設もあるといわれている。身近な場所で通信傍受が行われている疑いが強いのだ。

NSAは、自分たちの仕事のおかげでテロが未然に防げたこともあったと、情報収集の重要性を強調する。ただ、善良な一般市民の私生活までのぞき見されている可能性は高いのである。

【世界にサイバー戦争をしかける】
ネット藍軍

■グーグルへの攻撃を共産党幹部が指示

中国にとって、あらゆる分野で世界第1位を誇るアメリカの動向は無視できないものとなっている。表面上は〝協調〟を装っているが、**その裏では激しいサイバー戦争を繰り広げている**。

２０１０年、民間の内部告発サイト「ウィキリークス」が公開したアメリカ外交公電には、中国のサイバー攻撃についてこのように記されている。

「中国が西側諸国の政府や企業のサイトにハッカー攻撃を仕掛けはじめたのは２００２年頃からで、２００９年には大手検索サイト『グーグル』に対するサイバー攻撃が、中国共産党幹部2人の指示で行われた」

この翌年にはグーグルが中国事業から撤退しているが、一連のサイバー攻撃が原因だったことをほのめかしている。

中国政府は都合の悪い情報が流れると、それを公開させない〝検閲〟のシステムを作動させているが、これもグーグルが中国から撤退する一因となった。

中国には**約3万人ものインターネットポリスがいる**とされており、企業から個人まで、さまざまなサイトを監視している。

そして政府に批判的な内容の書き込みがあれば、数分のうちに消去し、場合によってはサイトそのものを閉鎖させているのだ。

インターネットの利用者数が世界一多い国でありながら、当局によって厳しく規制されているのが中国ネット社会の実情なのだ。

■人民解放軍内にあるサイバー部隊

そして、中国人民解放軍では**サイバー部隊・ネット藍軍**も創設されている。

ウィキリークスによると、中国によるgoogle攻撃の総指揮をとったのはこの周永康(右)だという。左はアメリカ沿岸警備隊の司令官だったサド・アレン

２０１１年、中国国防部の報道官が定例記者会見でその存在を明らかにしており、表向きには「サイバー攻撃への対応と予防のために創設した」として、ハッカー部隊ではないことを強調している。

疑いの目を向ける各国に対し、中国側は「国際社会は行き過ぎた解釈をすべきではない」と主張しているが、中国から何度もサイバー攻撃に遭っているアメリカはネット藍軍を警戒している。

■新聞６０００年分のデータを盗む

アメリカの民間セキュリティー顧問は、ネット藍軍について「規模はハッカー

米空軍のサイバー部隊。アメリカ側は中国の発表を信じず、攻撃を受けた場合の対処法などを整えている

5万人、サイバー部隊員250人ほど」と分析する。

またセキュリティー会社・マンディアント社の報告書には、「中国人民解放軍は世界141カ国の政府系機関や企業にサイバー攻撃を仕掛け、**新聞で6000年分以上に相当する膨大な情報を盗んだ**」とある。

そしてアメリカ国防省も、2013年の年次報告書において「中国は、アメリカ政府のコンピューターから機密情報を探し出そうとしている」と明確に記している。

このように、アメリカが中国側の言い分を信じていないのは明らかなのだ。

■攻撃を受ける日本の防衛・宇宙分野

ちなみに、日本でも政府系機関や企業へのサイバー攻撃は、警察庁がわかっているだけでも年間1000件以上にのぼる。

だがこれはあくまで氷山の一角にすぎず、実際はもっと多くのサイバー攻撃を受けているはずだ。

専門家がウイルスつきのメール114通を解析したところ、**その6割強は中国語でつくられた痕跡があった**。

日本側のサイトで狙われやすいのは防衛や宇宙産業の分野で、さらに大企業のサイトもターゲットになっている。

日本側の対応もずさんなところがあり、ウイルスが侵入してから1年近く気づかなかったというケースもある。

日中関係が改善されようとしているものの、さらに被害が拡大していくことが予想される。日本も情報流出阻止に対し、真剣に取り組まなければならないだろう。

【無数の人命を飲み込み続ける】
FSB（ロシア連邦保安庁）

■レーニンの時代に生まれたチェーカー

史上初の社会主義国家である旧ソビエト連邦は、活動家と民衆らの底知れぬ力によって生まれた。

その力の中心にいたのが、初代ソビエト連邦最高指導者となった**ウラジーミル・レーニン**である。

彼らは権力を恐れぬ姿勢で革命を成し遂げたが、新しい国家が誕生して活動家たちがその権力者の側にまわると、「また革命が起きたら、今度は我々が殺されるかもしれない」と、身の危険を感じるようになった。

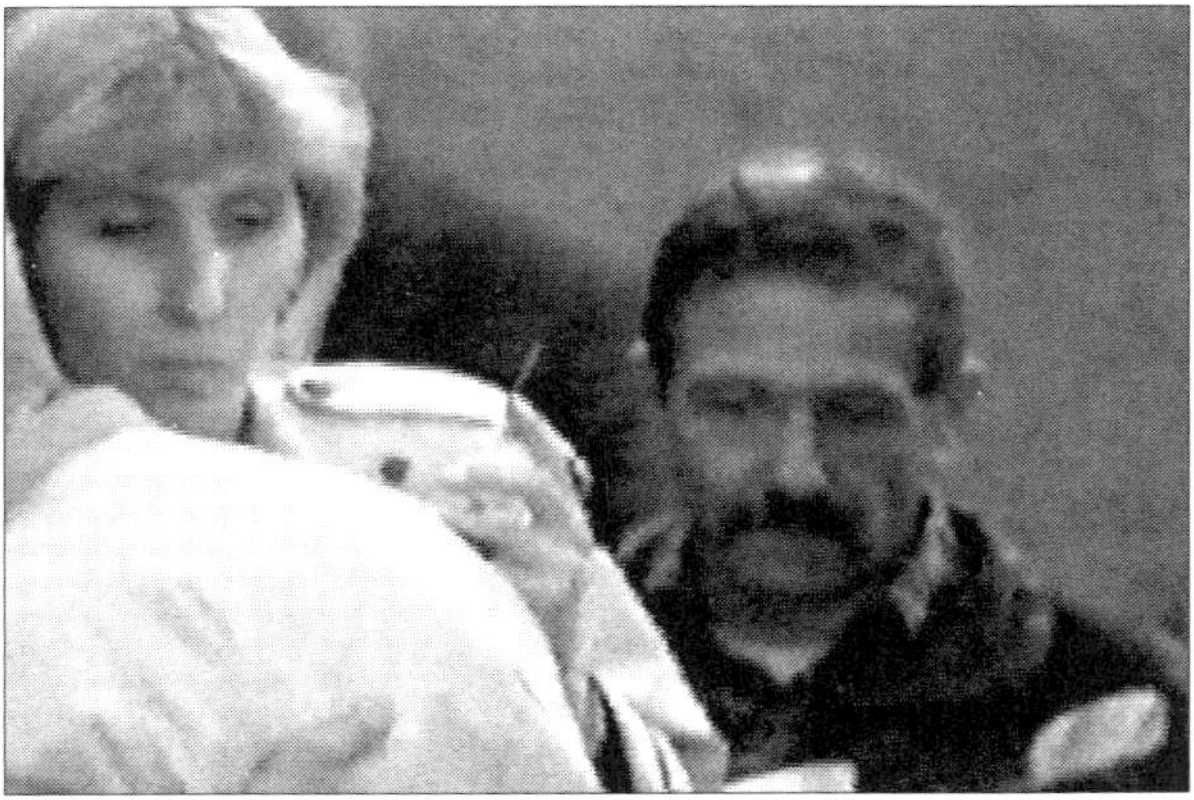

ロシアの原子力潜水艦沈没事故に関する会見で、興奮する遺族に鎮静剤を注射する女性。この女性はKGB職員だったのではないかといわれている（写真提供:AFP＝時事）

そこでレーニンは、**「反革命・テロ・サボタージュ取り締まりのための全ロシア非常委員会（チェーカー）」**を創設させた。

この機関は政権に盾突く動きを早めに摘み取り、第二の革命が起きるのを未然に防いだ。

だがその一方で、富裕層や聖職者、貴族や軍人を**何の証拠もなしに「反革命分子」と決めつけて次々と処刑していった**のだ。

粛清の嵐は徐々にエスカレートし、なかには外国人に道を教えただけでスパイ扱いされ、処刑される民間人までいた。

このチェーカーが、のちのＫＧＢの母

体となり、現在のＦＳＢにもつながっている。

■スターリンの大粛清に加担する

レーニンが死亡すると、**ヨシフ・スターリン**がソ連最高指導者の地位についた。するとチェーカーは「内務人民委員部（ＮＫＶＤ）」に統合されたが、そのやり口は昔のまま受け継がれていた。

そしてＮＫＶＤは、スターリンの意のままに**「大粛清」と呼ばれる大規模な政治弾圧を実行**した。

大粛清では数十万から数百万もの人々が命を奪われたとされているが、それでもスターリンは「手ぬるい」としてＮＫＶＤ長官を解任（のちに銃殺）し、次の長官を据えて、さらに粛清の規模を拡大したのである。

政治家や役人、軍人をことごとく粛清した結果、国家運営に支障が出始めた。すると、スターリンは大粛清の責任をＮＫＶＤに押しつけ、彼らを逮捕し、ことごとく銃殺刑に処したのだ。

スターリンのもと、大粛清を指揮した内務人民委員部長官のラヴレンチー・ベリヤ(手前の人物)。膝の上に載せているのは、スターリンの娘スヴェトラーナ

こうして粛清を担当したＮＫＶＤの関係者はほとんどいなくなり、スターリンだけが権力者としてのうのうと居座り続けたのである。

■ＫＧＢとして暗殺などを遂行する

１９５３年にスターリンが死亡すると、その翌年、ソ連国家保安委員会（ＫＧＢ）が発足する。

ＫＧＢのおもな役割は、資本主義諸国への諜報活動やスパイ、テロなどの破壊活動対策、ソ連の各組織の防諜や国境警備などで、その任務は多岐にわたった。

そして、ＫＧＢではチェーカーやＮＫ

ＶＤの流れを受け継ぎ、強引な尋問や残虐な拷問などを秘密裏に行っていた。国家に害を及ぼす者がひそかに暗殺されたことも少なくなかったという。

ソ連が崩壊すると、ＫＧＢの権限はロシア連邦保安庁（ＦＳＢ）に受け継がれた。表向きはロシアの防諜や犯罪対策を担う機関だったが、当初の目的であった**「次の権力者候補を潰す」**という目的と残酷な手段は継承したのである。

それを象徴する事件が、２００６年に起きた元ＦＳＢ職員であるアレクサンドル・リトビネンコの変死事件である。

彼は２０００年にイギリスへ亡命し、ロシア政府とプーチン政権を批判する活動を行っていた。ところが突然倒れたと思うと、３週間後に死んでしまう。

彼の体内から放射性物質のポロニウム２１０が大量に検出されたことで、何者かによる毒殺が噂された。

当然、ＦＳＢにも疑いの目が向けられたが、ＦＳＢはそれをかたくなに否定し、事件に関与していないことを主張し続けている。

【諜報大国の諜報機関】ＭＩ６（イギリス秘密情報部）

■００７の世界は実在していた

００７シリーズでおなじみのジェームズ・ボンドは、イギリスの諜報機関に所属する敏腕スパイという設定だ。

もちろん物語はフィクションだが、この諜報機関は実在する。**英国情報局秘密情報部（ＳＩＳ）——通称ＭＩ６**だ。主に国外の諜報活動を行う部門で、００７の原作者イアン・フレミング自身がここで諜報員をしていた経歴を持つ。

ＭＩ６は外務省の管轄下に置かれているものの、実際は**首相直属のエリート部隊**である。かつてはオックスフォードやケンブリッジといった名門校出身で、なおかつ家

柄もいい者だけしか入れなかったほどだ。

もっとも、その任務の性質上、職員の個人情報はいっさい伏せられているし、組織の詳細もあまり明らかにされていない。

多くの海外工作員は外交官という肩書きで活動を行い、偽名で口座をつくる際には銀行も協力していると噂される。

ちなみに、かつて元ＭＩ６職員が海外工作員のリストをネットで暴露したことがある。流出した情報はごく一部だったものの、**リストはＭＩ６の活動拠点が世界中にあることを示していた**。

彼らは巧妙に身分を隠し、世界各地で極秘のミッションを遂行していたのだ。

■ドイツや日本の暗号を解読する

諜報の分野においてイギリスは先駆的な存在である。世界を股にかける帝国を統治するため、16世紀末から諜報活動を行っていたのだ。

20世紀に創設されたＭＩ６も優秀だった。第二次世界大戦では**「エニグマ」と呼ば**

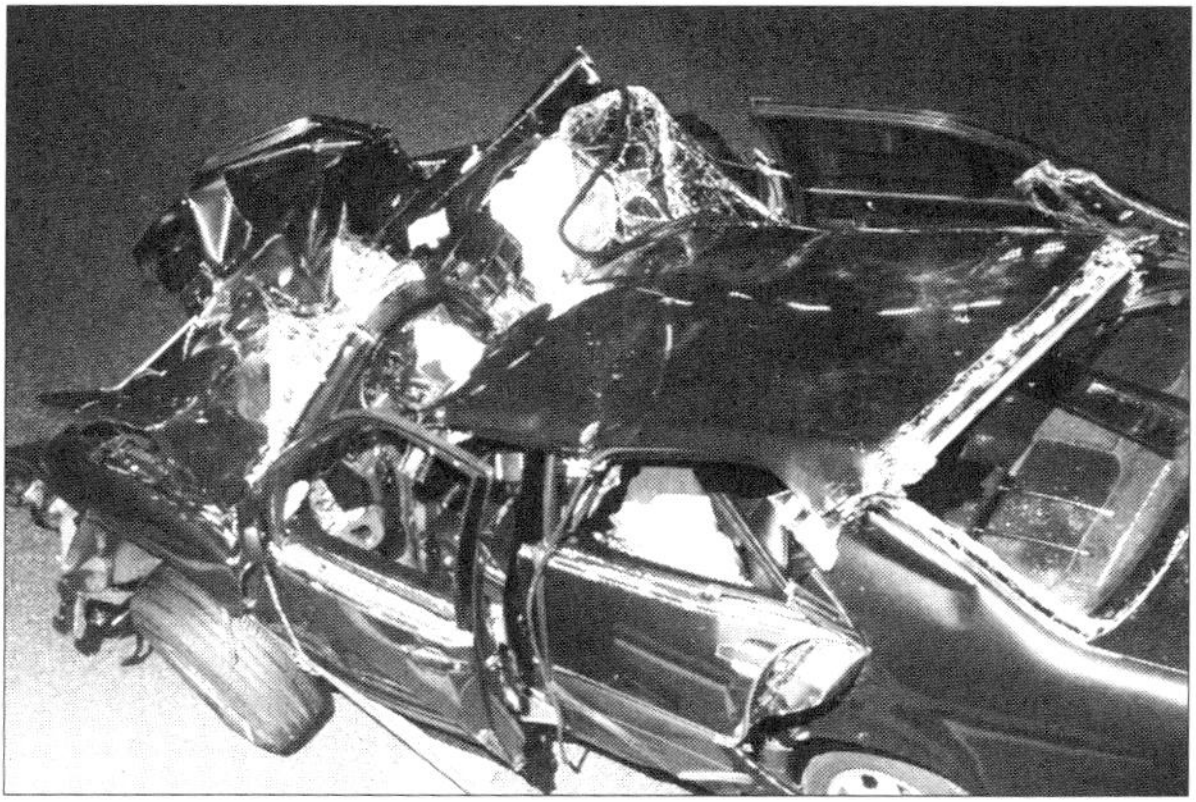

ダイアナ元妃が事故死した際に乗っていた車。この事故はじつはMI6のしわざだという噂がある（写真提供:AFP＝時事）

れるドイツの暗号システムを解読し、勝利に貢献した。さらに、ＭＩ６は真珠湾攻撃の情報も入手していた。

また、ナチスの大物ルドルフ・ヘスが単独でイギリスに渡るという奇妙な行動をして捕らえられたが、これもＭＩ６が情報操作をしてヘスをおびき出したのだという。

■ダイアナ元妃を暗殺した？

とはいえ、ＭＩ６の任務の中には人にはいえないような秘密工作もある。

１９８０年代のアフガニスタンで反体制ゲリラに武器を調達していたとみ

ロンドンにある英国情報局秘密情報部（SIS）本部ビル。2016年の時点で、2500人ほどの職員がいたという

られているほか、さまざまな暗殺事件に関わっていたともささやかれている。

そのなかでも最大の疑惑が、**ダイアナ元皇太子妃の事故死**だ。

当時、ダイアナはエジプト人の恋人であるドディ・アルファイドの子供を妊娠している可能性があった。

イギリス王室では、外国人の血を引く子供が王家と親戚関係になり、彼らの地位を脅かすのではないかと不安になった。そこで、ＭＩ６が事故死に見せかけて彼女を暗殺したのではないかというのだ。

イギリス王室はこれを完全に否定しており、デマだと見る向きも少なくない。

ただ、ダイアナが乗った車が衝突する

直前、**緑色をした強烈な光が見えた**という証言がある。さらに、爆発音が聞こえたともいう。

単なる事故にしては不自然な点が多いため、いまだにＭＩ６による暗殺説が根強く残っているのである。

第二次世界大戦後、ＭＩ６の規模は縮小されたが、アメリカ同時多発テロ以降は再び強化されたようだ。

しかし、イラクが大量破壊兵器を保有しているという誤った情報も流している。ところで２００６年、ＭＩ６は世間があっと驚く策に出た。従来の推薦やスカウトという方法ではなく、初めて職員を公募したのだ。

優秀な人材を集めるためともいえるが、組織があまりにも有名になってしまったので、開き直って公募したとの見方もある。

【元ナチス党員がつくった諜報機関】
BND（ドイツ連邦情報局）

■諜報活動に関与するドイツの機関

２０１３年６月、イギリスの新聞『ガーディアン』に掲載された前代未聞のスクープ記事が世界を震撼させた。

アメリカの情報機関である国家安全保障局（ＮＳＡ）が全世界のインターネットや電話回線を傍受していることが暴露されたのだ。

告発したのは、元ＣＩＡ職員でＮＳＡに勤務していたエドワード・スノーデンだ。

彼はアメリカ政府の極秘情報収集ツールを公開し、日本を含む38カ国の大使館やＥＵ本部などで盗聴していたことなども暴露した。

ベルリンにあるBNDの建物(©A.fiedler)

盗聴の事実を知ったドイツ政府は、「冷戦時代を思い起こさせる」と不快感をあらわにした。

だが、そのドイツもNSAの諜報活動に無関係ではなかった。というよりも、そこには大きな接点があった。

それをスノーデンは、**NSAとBND(ドイツ連邦情報局)は「同じベッドで寝ている」**と表現している。つまり、NSAの盗聴活動に、他ならぬBNDがかなり密接に関与しているというのである。

■前身をつくったのは元ナチス党員

現在、ドイツの中央情報機関として国外

の情報を集め、組織対策やテロ対策を行っているＢＮＤの前身は**「ゲーレン機関」**という。

このゲーレン機関が設立されたのは、第二次世界大戦が終結した翌年の１９４６年、そして立ち上げたのはラインハルト・ゲーレンという**元ナチスの一員**である。

ゲーレンは、世界の軍事史上最高の組織といわれるドイツ参謀本部に所属する「東方外国軍課」という諜報機関の課長を務めた人物だ。

だが、ドイツが敗戦するとゲーレンはソ連（現在のロシア）に拘束されることを恐れ、アメリカに亡命することを望んだ。

アメリカにとっても、元ナチスの一員とはいえ、優秀でソ連に情報網を持つゲーレンを囲い込むことには大きなうまみがあった。

そこで、ソ連の情報と引き換えに**アメリカはゲーレンを保護し、資金援助をして西ドイツにゲーレン機関を設立させた**のだ。

ただ、ゲーレンはアメリカに亡命するにあたって、手元にあったソ連の情報をアメリカ側に無条件に引き渡したわけではなかった。

じつは、東方外国軍課の秘密文書はアルプス山中に埋めて隠されていたのだ。

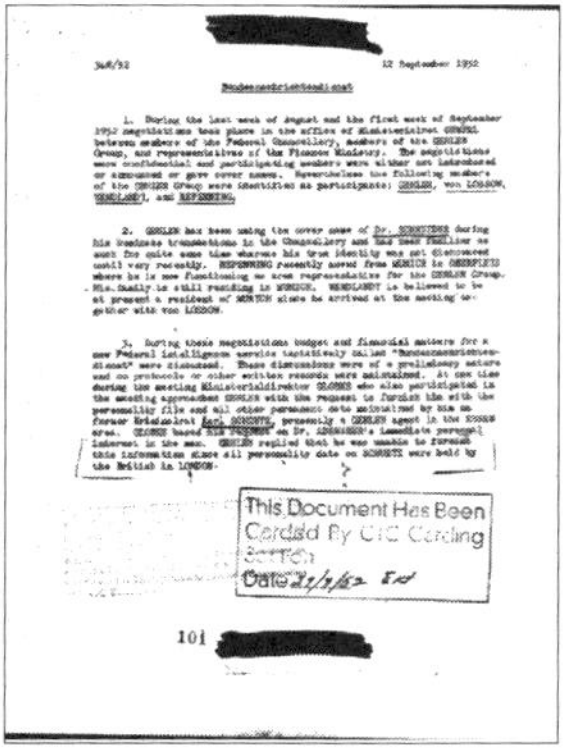
[redacted]

12 September 1952

This Document Has Been Carded By CIC Carding Section Date

101 [redacted]

【左】BNDの前身である「ゲーレン機関」を立ち上げたラインハルト・ゲーレン
【右】BND設立に関する交渉を記したCIA文書（日付は1952年9月12日）

これは、ゲーレン機関を立ち上げる際のアメリカ側との交渉に利用するためで、その思惑どおりゲーレンはアメリカと同等か、それ以上の条件で協定を結ぶことに成功した。戦争には降伏してもなお、世界に名だたるドイツ参謀本部のしたたかさは健在だったのである。

ゲーレン機関は、その後1955年にBNDと改名し、ソ連情報を中心に収集した。そして、**その機密情報はCIAに引き渡されてきた**のだった。

■アメリカの諜報機関との深い因縁

世界有数の情報機関であるBNDとCI

Aの緊密な関係は、戦後から現在に至るまで続いていた。

さらに、BNDはいつしかアメリカの大統領ですら接触することができないという、アメリカ最高の諜報機関であるNSAとも深い関係を結んでいたということになる。

しかも、ドイツの『シュピーゲル』誌が報じたところによると、BNDからは2012年12月の1ヵ月だけでNSAに約5億件のアフガニスタン情報が渡っていたという。

戦後、欧米先進国やソ連は莫大な予算をかけて諜報活動を行ってきたが、冷戦が終結すると各国の諜報活動の予算は大幅に縮小されるべきだという議論が出た。

だが、実際にはそうはならなかった。しかも、なぜか各国とも**2001年9月11日の前から諜報機関の予算は増え始めた**のだ。

西側諸国の情報連携とテロリズム――。そこには機密情報にアクセスできる者にしかわからない秘密が隠されているのかもしれない。

主要参考資料

■参考文献

『秘密結社の世界史』（海野弘／平凡社）、『奇妙な果実　ビリー・ホリデイ自伝』（ビリー・ホリデイ著、油井正一、大橋巨泉訳／晶文社）、『ビリー・ホリデイと《奇妙な果実》』（デーヴィッド・マーゴリック著、小村公次訳／大月書店）、『バチカン・シークレット 教皇庁の秘められた二十世紀史』（ベルナール・ルコント著、吉田春美訳／河出書房新社）、『ダ・ヴィンチ・コード キーワード完全ガイド』（ダ・ヴィンチの謎研究会／ぶんか社）、『蛇頭と人蛇――中国人密航ビジネスの闇』（森田靖郎／集英社）、『世界のインテリジェンス　21世紀の情報戦争を読む』（小谷賢他／PHP研究所）、『黄金の夜明け魔法大系5　英国魔術結社の興亡』（フランシス・キング著、江口之隆訳／国書刊行会）、『闇の超世界権力　スカル&ボーンズ』（クリス・ミレガン、アントニー・サットン他著、北田浩一訳／徳間書店）、『日本驚異の秘密結社　歴史を動かす地下水脈』（那由他一郎／徳間書店）、『日本のテロル　変質するバイオレンス130年史』（室伏哲郎／世界書院）、『天皇と東大　大日本帝国の生と死（上）』（立花隆／文藝春秋）、『ダ・ヴィンチの暗号99の謎』（福知怜／二見書房）、『ダ・ヴィンチ・コード最終解読』（皆神龍太郎／文芸社）、『秘密結社を追え！』（ジョン・ローレンス・レイノルズ著、住友進訳／主婦の友社）、『明治・大正・昭和・平成　事件・犯罪大事典』（事件犯罪研究会、村野薫編著／東京法経学院出版）、『最新　右翼辞典』（堀幸雄／柏書房）、『秘密結社　世界を動かす「闇の権力」』（桐生操／中央公論新社）、『面白いほどよくわかる世界の秘密結社』（有澤玲／日本文芸社）、『紳士の国のインテリジェンス』（川成洋／集英社）、『世界のスパイ～驚くべき真実

〜』(宝島社)、『世界陰謀大全』(ベンジャミン・フルフォード、テレンス・リー、丸山ゴンザレス/日本文芸社)、『諜報機関 あなたの知らない凄い世界』(ニュースなるほど塾編/河出書房新社)、『インテリジェンス戦争 対テロ時代の最新動向』(佐藤優解説、黒井文太郎編/大和書房)、『インテリジェンス 闇の戦争』(ゴードン・トーマス著、玉置悟訳/講談社)、『陸軍中野学校 情報戦士たちの肖像』(斎藤充功/平凡社)、『陸軍中野学校極秘計画 新資料・新証言で明かされた真実』(斎藤充功/学研パブリッシング)、『オデッサ・ファイル』(フレデリック・フォーサイス著、篠原慎訳/角川書店)、『ナチ・ハンターズ』(チャールズ・アッシュマン、ロバート・J・ワグマン著、大田民雄訳/時事通信社)、『世界陰謀史事典』(ジョエル・レヴィ著、下隆全訳/柏書房)、『昭和史 七つの謎 part2』(保阪正康/講談社)、『知られざるインテリジェンスの世界 世界を動かす智恵の戦い』(吉田一彦/PHP研究所)、『冷戦の闇を生きたナチス』(レーナ・ギーファー、トーマス・ギーファー著、斉藤寿雄訳/現代書館)、『テロとインテリジェンス—覇権国家アメリカのジレンマ』(福田充/慶応義塾大学出版会)、『エシュロンと情報戦争』(鍛冶俊樹/文藝春秋)、『眠れないほど面白い「秘密結社」の謎』(並木伸一郎/三笠書房)、『世界を操る秘密組織』(宝島社)、『組織と手口を明らかにする! 世界の諜報機関』(宝島社)、『わが友・小沢一郎』(平野貞夫/幻冬舎)、『小沢でなければ日本は滅ぶ「政治の悪霊」と戦い続ける男』(平野貞夫/イースト・プレス)、『図解 世界を牛耳る巨大企業』(ベンジャミン・フルフォード/扶桑社)、『図解「闇の支配者」頂上決戦』(ベンジャミン・フルフォード/扶桑社)、『国家も個人も狙われるサイバーテロの全貌』(宝島社)、『中国超入門』(ニューズウィーク日本版編集部編/CCCメディアハウス)、『ベトナム戦争—誤算と誤解の戦場』(松岡完/中央公論新社)、『詳説 世界史研究』(木下康彦、吉田寅、木村靖二編/山川出版社)、『黒社会の正体』(森田靖郎/イースト・プレス)、『闇の支配者 上・下』(ダニエル・エスチューリン著、山田郁夫訳/ティー・オーエンタテインメント)、『ロシアとソ連 歴史に消された者たち—古儀式派が変えた超大国の歴史』(下斗米伸夫/河出書房新社)、『ゴスペルの暗号 秘密組織「地下鉄道」と逃亡奴隷の謎』(益子務/祥伝社)、『暗殺者教国』(岩村忍/筑摩書房)、『陰謀・

秘密結社対談』（飛鳥昭雄、ベンジャミン・フルフォード／学研パブリッシング）、『ダ・ヴィンチ・コード上・中・下』（ダン・ブラウン、越前敏弥訳／角川書店）、『日本の警察解体新書』（日本警察組織研究会／笠倉出版社）、『日本の公安警察』（青木理／講談社）、『モサド、その真実　世界最強のイスラエル諜報機関』（落合信彦／集英社）、『モサド・ファイル』（マイケル・バー＝ゾウハー、ニシム・ミシャル著、上野元美訳／早川書房）、『日本人が知らない！ユダヤの秘密　ユダヤがわかれば、日本と世界がウラまで見える！』（佐藤唯行／ＰＨＰ研究所）、『標的は11人　モサド暗殺チームの記録』（ジョージ・ジョナス著、新庄哲夫訳／新潮社）、『スパイの世界史』（海野弘／文藝春秋）、『獣人　ネオコン徹底批判』（リンドン・Ｈ・ラルーシュ、ＥＩＲ誌著、太田龍訳／成甲書房）、『現代資本主義入門』（白春騮／三恵社）、『国・企業・メディアが決して語らないサイバー戦争の真実』（西本逸郎、三好尊信／中経出版）、『ゴールデン・トライアングル秘史　アヘン王国50年の興亡』（鄧賢著、増田政広訳／ＮＨＫ出版）、『成長の限界　人類の選択』（デニス・メドウズ、ヨルゲン・ランダース著、枝廣淳子訳／ダイヤモンド社）、『ハッカーの手口　ソーシャルからサイバー攻撃まで』（岡嶋裕史／ＰＨＰ研究所）、『サイバー・テロ　日米vs中国』（土屋大洋／文藝春秋）、『クンサー―この麻薬王と知ってはならない黒い世界』（小田昭太郎／情報センター出版局）、『アヘン王国潜入記』（高野秀行／集英社）、朝日新聞ほか

■参考ホームページ

ABC News, AFPBB News, ITmedia, isMedia, Southern Poverty Law Center, The Voice of Russia, THE CLUB OF ROME, CNN、ＨＩＳ、産経ニュース、ＮＨＫオンライン、ＷＳＪ日本版、ガジェット通信、ダイヤモンドオンライン、ドイツニュースダイジェスト、ニューズウィーク日本版、フォーリン・アフェアーズ・リポート、ライブドアニュース、レコードチャイナ、ロイター通信、ワールド&インテリジェンス、朝日新聞デジタル、橘

玲の世界投資見聞録、公安調査庁、公益財団法人 日本国際問題研究所、警視庁、現代ビジネス「佐藤優直伝『インテリジェンスの教室』」、産経デジタル・ｉｚａ、時事ドットコム、人民網日本語版、新宿中村屋、高橋和夫の国際政治ブログ、中央日報、日経ビジネス電子版、日本経済新聞、日刊ＳＰＡ！、防衛省ほか

■画像クレジット

ローマクラブ（１６４ページ）上段左から ©veni markovski/©Emiel Ketelaar/©Ricardo Stuckert/PR/©DeutschesBundesarchiv,
下段左から ©Antônio Cruz/ABr/©Tarawneh/© (Aleph), color correction in collaboration with Rainer Z. /©Agência Brasil

※本書に登場する人物名等については、敬称を略させていただきました。

本当《ほんとう》に恐《おそ》ろしい 地下組織《ちかそしき》

2019年11月7日 第1刷

編　者　歴史ミステリー研究会
制　作　新井イッセー事務所
発行人　山田有司
発行所　株式会社　彩図社
東京都豊島区南大塚3-24-4
MTビル　〒170-0005
TEL:03-5985-8213　FAX:03-5985-8224
https://www.saiz.co.jp
https://twitter.com/saiz_sha

印刷所　新灯印刷株式会社

 ISBN978-4-8013-0407-9 C0120
本書は、2013年11月に小社より刊行された単行本を加筆修正の上、文庫化したものです。